AF476492

# RECHERCHES

SUR

# LA POPULATION, LES NAISSANCES, LES DÉCÈS, LES PRISONS, Les Dépôts de Mendicité, etc.,

DANS

# LE ROYAUME DES PAYS-BAS,

PAR


Mr. A. Quetelet,

SECRÉTAIRE DE LA COMMISSION DE STATISTIQUE DU BRABANT-MÉRIDIONAL, PROFESSEUR A L'ATHÉNÉE ROYAL ET AU MUSÉE DES SCIENCES ET DES LETTRES DE BRUXELLES, MEMBRE DE L'ACADÉMIE ROYALE DES SCIENCES ET BELLES-LETTRES, CORRESPONDANT DE LA SOCIÉTÉ PHILOMATIQUE DE PARIS, DE L'INSTITUT DES PAYS-BAS, ETC.



BRUXELLES,

CHEZ H. TARLIER, LIBRAIRE,

RUE DE LA MONTAGNE, N° 306.

M DCCC XXVII.

A Monsieur Francœur
de la faculté des sciences de paris &c
hommage de l'auteur

# RECHERCHES

SUR

## LA POPULATION, LES NAISSANCES,

## LES DÉCÈS, LES PRISONS,

## LES DÉPOTS DE MENDICITÉ, ETC.,

DANS

## LE ROYAUME DES PAYS-BAS.

IMPRIMERIE DE M. HAYEZ.

# RECHERCHES

SUR

# LA POPULATION, LES NAISSANCES, LES DÉCÈS, LES PRISONS, Les Dépôts de Mendicité, etc.

DANS

# LE ROYAUME DES PAYS-BAS,

PAR

Mr. A. Quetelet,

SECRÉTAIRE DE LA COMMISSION DE STATISTIQUE DU BRABANT MÉRIDIONAL, PROFESSEUR A L'ATHÉNÉE ROYAL ET AU MUSÉE DES SCIENCES ET DES LETTRES DE BRUXELLES, MEMBRE DE L'ACADÉMIE ROYALE DES SCIENCES ET BELLES-LETTRES, CORRESPONDANT DE LA SOCIÉTÉ PHILOMATIQUE DE PARIS, DE L'INSTITUT DES PAYS-BAS, ETC.



BRUXELLES,

CHEZ H. TARLIER, LIBRAIRE,

RUE DE LA MONTAGNE, N° 306.

M DCCC XXVII.

# RECHERCHES

SUR

## LA POPULATION, LES NAISSANCES, LES DÉCÈS, LES PRISONS, LES DÉPOTS DE MENDICITÉ, ETC.,

DANS

# LE ROYAUME DES PAYS-BAS.

---

Cet ouvrage renferme l'ensemble des recherches que j'ai insérées successivement dans les volumes 3 et 4 des *nouveaux Mémoires* de l'Académie Royale de Bruxelles. Quelques nouveaux matériaux que j'ai eu occasion de me procurer, rendront mon travail moins incomplet. Je ne regretterai pas les peines que je me suis données pour réunir et discuter tous ces documens, s'ils peuvent inspirer à d'autres le goût et la patience nécessaires, pour donner plus d'extension à cet essai sur un sujet que nous avons trop long-temps négligé et qui mérite cependant toute notre attention.

Je m'occuperai d'abord de l'état de la population dans notre Royaume; je passerai ensuite à ce qui concerne les naissances et les décès, et j'exposerai les variations singulières qu'ils semblent subir pendant le cours de l'année et même aux différens instans du jour. Cette recherche me donnera l'occasion de citer quelques faits curieux résultant d'observations nouvellement faites. J'ai réuni à la table de *Kerseboom*, la seule que l'on eût jusque dans ces derniers temps pour notre Royaume, trois autres tables de mortalité, que l'on ne verra peut-être pas sans intérêt, aujourd'hui qu'on s'occupe particulièrement des sociétés d'assurance sur la vie. Enfin, j'ai puisé dans des Mémoires manuscrits qui m'ont été communiqués par M. le baron *De Keverberg*, des détails intéressans sur les enfans trouvés et sur les détenus dans les dépôts de mendicité et dans les prisons du Royaume. Je le répète, je m'estimerai fort heureux, si ces nouvelles recherches peuvent engager des amis des sciences à en faire d'autres de leur côté, et à les multiplier de manière à donner aux aperçus que je présente, cette précision qui, seule, peut leur assurer un caractère d'utilité générale (1).

*Population du Royaume.*

D'après des renseignemens officiels, on estimait, qu'au 1er janvier 1825, la population du Royaume des Pays-Bas et du grand-duché de Luxembourg, s'élevait à 5,992,666 âmes. Cette estimation était basée sur deux recensemens partiels, faits antérieurement, l'un sous le gouvernement impérial, et l'autre vers le commencement du gouvernement actuel. On s'est borné depuis, pour avoir la population au commencement de

(1) Le gouvernement, en créant une commission de statistique, a fait espérer la publication des documens précieux qu'il possède. Ces élémens soumis à la discussion des savans, présenteront des résultats qui ne pourront manquer de tourner au profit de la science et de la société.

chacune des années suivantes, à ajouter à la population de l'année qui précédait, l'excès des naissances sur les décès; mais, outre les inexactitudes que peuvent présenter les anciens relevés de la population par le dénombrement, opération pénible et difficile à faire avec exactitude (1), on ne doit pas perdre de vue que beaucoup d'étrangers, appelés par les avantages politiques qu'offre ce pays, sont venus s'y fixer et y ont apporté leurs richesses et leur industrie, deux sources puissantes de fécondité. Il serait donc à désirer que le gouvernement fît faire un nouveau dénombrement, d'après la méthode proposée par M. *De La Place;* les données que nous avons jusqu'à présent, ne peuvent être considérées que comme provisoires et ont besoin d'être rectifiées.

En faisant usage du rapport 31 $\frac{2}{3}$ trouvé dernièrement en France (2), entre la population et les naissances, et en l'appliquant à notre pays, où le nombre des naissances s'élevait en 1824, à 218,666, on trouve pour valeur de la population 6,924,424. En faisant usage du rapport 39 $\frac{2}{3}$ entre la population et les décès dans le même pays, on trouve pour le nôtre, où les décès en 1824 se sont élevés à 134,915, le nombre 5,351,628. La première de ces deux valeurs surpasse de beaucoup l'estimation que nous avons donnée plus haut; la seconde au contraire lui est inférieure; la moyenne 6,138,026

(1) *Essai phil. sur le calcul des probabilités*, par M. *De La Place.*

(2) *Revue encyclopédique*, 94ᵉ et 95ᵉ cahier, tom. XXXII, octobre et novembre 1826.

excède encore notre population de 145,360 âmes. Nous verrons bientôt qu'en considérant l'estimation de notre population comme exacte, les rapports précédens pour notre pays, sont 27 et 42,4. L'inégalité de ces nombres prouverait un accroissement de population plus considérable dans notre pays qu'en France; ce qui paraît du reste hors de doute. Le moyen accroissement de la population en France est de 6,36 sur 1000 par an, et chez nous de 62 en cinq ans, ou de 12,4 par an, c'est-à-dire, à peu près double de ce qu'il est en France; le tableau suivant offre les populations des différentes provinces, en même temps que le rapport de l'accroissement (1) pour cinq années.

(1) Ces données ont été tirées de l'annuaire (*Jaarboekje over* 1826), par M. *Lobatto*.

| PROVINCES. | POPULATION. | | RAPPORT de L'ACCROISSEMENT. |
|---|---|---|---|
| | En 1820. | En 1825. | |
| Nord-Hollande . . . | 376188 | 391187 | 0,040 |
| Flandre-Orientale . . | 651892 | 685303 | 0,051 |
| Limbourg . . . . . | 305151 | 321247 | 0,053 |
| Anvers . . . . . . . | 307941 | 325147 | 0,056 |
| Zélande . . . . . . | 122859 | 129715 | 0,056 |
| Nord-Brabant. . . . | 306053 | 324071 | 0,059 |
| Namur . . . . . . . | 178126 | 189189 | 0,062 |
| Liége . . . . . . . | 313023 | 333318 | 0,065 |
| Utrecht. . . . . . | 110239 | 117743 | 0,068 |
| Sud-Brabant . . . . | 453240 | 483858 | 0,068 |
| Gueldre. . . . . . . | 264088 | 282272 | 0,069 |
| Sud-Hollande . . . | 406599 | 435167 | 0,070 |
| Overyssel . . . . . | 150330 | 160991 | 0,071 |
| Flandre-Occidentale . | 536289 | 562414 | 0,073 |
| Hainaut . . . . . . | 509192 | 546245 | 0,073 |
| Groningue. . . . . | 144754 | 156093 | 0,078 |
| Luxembourg . . . . | 270407 | 292155 | 0,080 |
| Frise . . . . . . . | 186637 | 202687 | 0,086 |
| Drenthe . . . . . . | 49544 | 53868 | 0,087 |
| | 5,642,552 | 5,992,666 | moy. 0,062 |

De ces résultats, nous pouvons conclure que la population est croissante dans toute l'étendue de la Belgique, et que la valeur moyenne de cet accroissement a été de $\frac{62}{1000}$ de la population dans l'espace de 5 ans, ou de $\frac{1}{77}$ environ par an.

*Décès, Naissances, Mariages, Fécondité.*

A ce premier aperçu, nous allons faire succéder les rapports de la population aux décès, aux naissances et aux mariages, ainsi que les rapports des naissances masculines aux naissances féminines, et les rapports des naissances aux mariages, rapports que l'on considère ordinairement comme les mesures de la fécondité. Nous avons cru inutile de donner le nombre des naissances, des décès et des mariages, que l'on peut toujours retrouver au besoin, au moyen des rapports précédens et de la population.

Pour rendre tous ces rapports plus sensibles, nous avons joint aux tableaux numériques, une planche dans laquelle différentes lignes courbes représentent, par leurs sinuosités, les variations de ces quantités, dans les différentes provinces du Royaume. Cette méthode est à peu près celle qu'adoptent les physiciens pour exprimer les variations thermométriques et barométriques, par les variations des ordonnées d'une courbe. Nous avons suivi aussi le même procédé pour représenter l'intensité de la mortalité et celle des naissances aux différens mois de l'année, pour les comparer aux oscillations thermométriques avec lesquelles elles ont de singuliers rapports.

Les moyennes n'ont pas été prises, en divisant la somme des élémens relatifs à chaque province, par le nombre des provinces, ce qui exigerait que la population de chaque province fût la même, mais en opérant sur la population entière du Royaume et sur les totaux, pour les naissances, les décès et les mariages.

| PROVINCES. | RAPPORTS | | | | | |
|---|---|---|---|---|---|---|
| | de la POPULATION. | De la pop. aux décès. | De la pop. aux naiss. | De la pop. aux mariages. | Des naissances fémin. aux naiss. masc. | Des naiss. aux mariages. |
| Zélande . . | 128,045 | 31,4 | 20,7 | 113,7 | 0,960 | 5,49 |
| Nord-Hollan. | 385,696 | 34,5 | 23,2 | 104,4 | 0,956 | 4,50 |
| Sud-Holland. | 429,019 | 35,0 | 23,9 | 113,3 | 0,959 | 4,74 |
| Utrecht . . | 115,980 | 36,3 | 24,3 | 118,2 | 0,939 | 4,86 |
| Brab-Méridio. | 478,005 | 38,2 | 26,1 | 142,2 | 0,970 | 5,45 |
| Fland.-Occid. | 556,459 | 40,7 | 27,5 | 137,7 | 0,930 | 5,01 |
| Overyssel . . | 158,453 | 43,5 | 26,5 | 121,9 | 0,937 | 4,60 |
| Fland.-Orien. | 679,525 | 44,8 | 28,4 | 165,3 | 0,946 | 5,82 |
| Frise . . . | 199,492 | 46,1 | 27,1 | 128,7 | 0,944 | 5,75 |
| Liége . . . | 329,119 | 46,2 | 28,9 | 154,1 | 0,942 | 5,33 |
| Limbourg . | 317,388 | 47,5 | 29,2 | 90,3 | 0,956 | 3,09 |
| Anvers. . . . | 320,362 | 48,8 | 30,7 | 142,9 | 0,960 | 4,65 |
| Groningue. . | 153,908 | 49,3 | 28,9 | 149,3 | 0,898 | 5,17 |
| Hainaut . . | 538,105 | 51,1 | 27,4 | 136,5 | 0,921 | 4,98 |
| Brab-Septent. | 319,371 | 51,4 | 29,2 | 150,0 | 0,974 | 5,14 |
| Gueldre . . | 277,135 | 53,7 | 27,6 | 131,1 | 0,952 | 4,75 |
| Luxembourg. | 287,351 | 53,8 | 27,9 | 149,9 | 0,967 | 5,37 |
| Drenthe . . | 52,926 | 55,0 | 27,8 | 130,3 | 0,895 | 4,69 |
| Namur. . . | 187,207 | 57,9 | 29,8 | 150,9 | 0,907 | 5,06 |
| Pour 1824. . | 5,913,526 | 43,8 | 27,0 | 132,4 | 0,947 | 4,90 |
| Pour 1825. . | 6,059,506 | 41,0 | 27,1 | 127,2 | 0,943 | 4,70 |

La fécondité est en Belgique à peu près la même qu'en France, où l'on compte, pour 100 mariages, 408 naissances d'enfans légitimes, et 68 d'enfans naturels, en tout 476 naissances; ici, nous comptons 480 naissances pour 100 mariages. Il est remarquable que la fécondité dans les provinces méridionales est plus grande que dans la partie septentrionale du Royaume; on compte d'une part 5,21 enfans par mariage, et de l'autre 4,87 (1). Les rapports des naissances masculines aux naissances féminines diffèrent aussi très-peu; ils sont pour la France de 1000 à 938, et pour notre pays de 1000 à 945. Quant au rapport moyen de la population aux mariages, il est pour la France de 138 à 1; et pour ici, de 130 à 1. Nous avons déjà fait l'ob-

---

(1) Depuis la composition de ce Mémoire, il a paru dans les *Annales des Sciences naturelles*, une notice fort intéressante sur l'intensité de la fécondité en Europe, au commencement du 19e siècle, par M. *Benoiston de Chateauneuf.* L'auteur, cherchant à s'expliquer l'inégalité de fécondité dans les deux parties du Royaume, croit reconnaître que « le climat particulier à la Hollande triomphe ici des précautions prises par les habitans pour se préserver de sa dangereuse influence; que malgré tous leurs efforts, ils ne peuvent empêcher que l'atmosphère brumeuse, humide, dans laquelle ils sont constamment plongés, ne développe chez eux une prédominance très-marquée du système lymphatique sur tous les autres; n'entretienne un état de langueur et d'obésité qui enlève aux organes une partie de leur énergie, affaiblit le corps, en énerve la vigueur. Ces conditions remarquables de température et de localité, n'existent point au même degré dans les deux Flandres, orientale et occidentale, où un air moins humide, un terrain plus sec, une agriculture plus riche, donnent aux individus une constitution plus forte. » J'avais déjà remarqué dans ma *lettre à M. Villermé*, qu'il existait aussi une distinction à faire entre nos provinces catholiques et protestantes, pour les rapports des mariages à la population, et que dans les premières, ce rapport était d'environ 1 à 148, et dans les secondes, de 1 à 123.

servation que proportionnellement les naissances sont ici plus nombreuses et les décès moins nombreux qu'en France, ce qui annonce un état de prospérité plus grand pour notre pays. Il est à remarquer que dans les seize villes les plus considérables du Royaume, la différence entre les naissances et les décès est moins forte que dans le reste du Royaume : le rapport entre ces deux élémens a été en 1824, pour les villes, de 1 à 0,7469, et pour le Royaume entier, de 43, 8 à 27 ou de 1 à 0,6164 environ. Dans une planche qui se trouve à la fin de ce Mémoire, nous avons tâché de rendre sensibles à l'œil, par des lignes, les résultats des tableaux précédens.

*Causes de Mortalité.*

M. *Villermé*, en comparant entre eux les résultats consignés dans les *Recherches statistiques* sur Paris (1), a fort bien fait ressortir combien l'aisance et la propreté avaient d'influence pour diminuer la mortalité. C'est en effet par une nourriture saine et abondante, au milieu des produits qu'amasse une industrie libre et active, et dans un pays où les besoins du peuple sont au-dessous de ses revenus, qu'une population croît et se développe avec rapidité. Cependant des causes locales peuvent, sinon arrêter, du moins ralentir ces développemens. Comme nous l'avons déjà fait observer ail-

(1) Ces recherches réunies par M. *Villot*, se publient à Paris, in-4°, sous les auspices du comte *de Chabrol*, préfet de la Seine.

leurs (1), on peut ranger parmi les provinces les plus riches de notre Royaume, les deux Hollandes, les deux Flandres, le Brabant méridional; et parmi celles qui le sont le moins, le Luxembourg et le Namurois. Cependant, il est remarquable que ce soit justement dans ces dernières provinces que la mortalité s'est trouvée être la moins grande : il est vrai que, dans le Luxembourg surtout, le peuple sans être généralement riche, est pourtant loin de se trouver dans un état d'indigence, et que c'est là plutôt ce qui constitue l'état d'aisance.

Parmi les causes locales de mortalité qui paraissent avoir une influence marquée dans notre pays, je crois pouvoir assigner l'inégalité de population selon les lieux et surtout l'humidité plus ou moins grande, dépendante de l'abaissement du terrain, ainsi que les variations continuelles de température qu'on éprouve dans le voisinage de la mer. Il suffit en effet, de jeter les yeux sur le tableau précédent, pour reconnaître que les provinces les plus populeuses et les plus voisines de la mer sont les plus exposées à la mortalité. Le Luxembourg et la province de Namur, au contraire, qui ont une population peu nombreuse et qui présentent les points les plus élevés du Royaume, ont une mortalité moindre. Il est remarquable que le principe de *Malthus* retrouve ici son application ; car on

(1) *Lettre à M. Villermé*, brochure in-8°, imprimée à Gand, chez *Van de Kerckhoven*.

peut voir que les provinces les plus exposées à la mortalité, sont aussi celles où les naissances sont les plus nombreuses : de cette manière, les vides de la population se comblent presqu'en se formant. Mais ces successions rapides se font au détriment de la société, qui, proportion gardée, doit compter moins d'hommes faits, en état de produire et de contribuer à son bien-être.

### *Lois des Décès et des Naissances pendant l'année.*

J'ai déjà fait remarquer dans mon Mémoire précédent *sur les lois des naissances et de la mortalité* à Bruxelles, que le principe de *Malthus* paraît se vérifier même pendant les différentes saisons de l'année. J'avais trouvé, d'après 18 années d'observations, que le nombre des décès croissait et décroissait successivement, et que ce nombre atteignait son *maximum* vers le mois de janvier et son *minimum* six mois après, en juillet. J'avais fait remarquer de plus, que le nombre des naissances croissait également et décroissait d'une manière continue, pendant le cours d'une année, et atteignait son *maximum* et son *minimum* vers les mêmes époques que le nombre des naissances; le *maximum* pour les naissances tombe cependant plus particulièrement en février, et se rapproche ainsi de l'époque du *minimum* qui a lieu en juillet. Ces observations ont été répétées depuis, par M. *Lobatto*, d'après des données officielles, et pour cinq des principales villes du Royaume; M. *Lemaire* s'est aussi occupé de cette recherche, d'après 20 ans d'observations faites à Tournai.

Voici les différens résultats pour les décès :

| MOIS. | BRUXEL. | AMST. | GAND. | ROTT. | ANV. | LA HAYE. | TOURN. | LE ROY.(1) |
|---|---|---|---|---|---|---|---|---|
| Janvier . . . | 1 172 | 1,285 | 1,178 | 1,256 | 1,137 | 1,210 | 1,272 | 1,04 |
| Février . . . | 1,110 | 1,097 | 1,072 | 1,165 | 1,113 | 1,101 | 1,155 | 1,20 |
| Mars. . . . | 1,100 | 1,005 | 1,039 | 1,052 | 1,131 | 1,016 | 1,235 | 1,25 |
| Avril. . . . | 1,068 | 0,972 | 0,991 | 1,034 | 1,049 | 1,013 | 1,055 | 1,08 |
| Mai. . . . . | 0,995 | 0,942 | 0,913 | 1,921 | 1,025 | 0,905 | 0,942 | 0,95 |
| Juin. . . . | 0,916 | 0,863 | 0,906 | 0,928 | 0,918 | 0,880 | 0,878 | 0,88 |
| Juillet. . . . | 0,806 | 0,773 | 0,849 | 0,874 | 0,879 | 0,878 | 0,780 | 0,85 |
| Août. . . . | 0,844 | 0,803 | 0,957 | 0,825 | 0,880 | 0,921 | 0,800 | 0,88 |
| Septembre . . | 0,884 | 0,921 | 1,000 | 0,865 | 0,921 | 0,948 | 0,860 | 0,94 |
| Octobre. . . | 0,954 | 1,037 | 1,000 | 0,929 | 0,977 | 0,934 | 0,867 | 0,99 |
| Novembre . . | 0,975 | 1,099 | 0,989 | 1,007 | 0,951 | 1,048 | 0,989 | 0,96 |
| Décembre . . | 1,172 | 1,200 | 1,104 | 1,141 | 1,017 | 1,143 | 1,167 | 0,92 |

On remarquera sans doute qu'au milieu des petites anomalies que présentent ces résultats, le *minimum* arrive presqu'invariablement en juillet.

Voici les résultats correspondans pour les naissances :

| MOIS. | BRUXEL. | AMST. | GAND. | ROTT. | ANV. | LA HAYE. | TOURN. | LE ROYAU. |
|---|---|---|---|---|---|---|---|---|
| Janvier . . | 1,040 | 1,055 | 1,046 | 1,093 | 1,077 | 1,026 | 1,041 | 1,08 |
| Février . . | 1,157 | 1,109 | 1,059 | 1,120 | 1,107 | 1,169 | 1,119 | 1,18 |
| Mars . . . | 1,099 | 1,104 | 1,082 | 1,097 | 1,095 | 1,119 | 1,081 | 1,17 |
| Avril . . . | 1,079 | 1,503 | 1,061 | 1,081 | 1,026 | 1,015 | 1,130 | 1,08 |
| Mai. . . . | 0,989 | 1,013 | 0,978 | 0,971 | 0,987 | 0,975 | 1,114 | 1,96 |
| Juin . . . | 0,956 | 0,984 | 0,946 | 0,926 | 0,856 | 0,916 | 0,965 | 0,86 |
| Juillet . . . | 0,901 | 0,932 | 0,934 | 0,928 | 0,863 | 0,897 | 0,927 | 0,82 |
| Août. . . . | 0,903 | 0,893 | 0,921 | 0,941 | 0,948 | 0,942 | 0,926 | 0,89 |
| Septembre. . . | 0.940 | 0,918 | 0,952 | 0,957 | 1,001 | 0,961 | 0,859 | 0,97 |
| Octobre . . | 0,949 | 0,941 | 0,966 | 0,927 | 1,033 | 0,994 | 0,929 | 0,98 |
| Novembre. . | 0,968 | 0,976 | 1,012 | 0,955 | 1,021 | 1,006 | 0,931 | 0,99 |
| Décembre. . | 1,172 | 1,016 | 1,040 | 1,005 | 0,985 | 0,976 | 0,970 | 0,97 |

---

(1) Les résultats de cette colonne et ceux pour les naissances, ainsi que les nombres consignés dans le tableau précédent, sont tirés du *Jaarboekje*, publié par M. *Lobatto*.

On voit que tous ces résultats, que nous avons représentés par des lignes à la fin de ce Mémoire, s'accordent assez bien pour montrer que les nombres des naissances et des décès croissent et décroissent d'une manière continue pendant le cours d'une année, et que les *maxima* et les *minima* se trouvent à peu près à six mois de distance. M. *Villermé*, secrétaire de l'Académie royale de médecine de Paris, a eu la bonté de me communiquer depuis, les résultats des recherches faites à Livourne par MM. *Gordini* et *Orsini*. Ces résultats s'accordent fort bien avec les précédens, et semblent confirmer ce que j'avais avancé dans mon premier Mémoire (1) que ces nombres suivent, par un nouveau rapprochement assez singulier, à peu près les variations du thermomètre, mais prises dans un sens opposé : c'est-à-dire qu'à l'époque où le nombre des degrés de l'échelle thermométrique est le plus fort, le nombre des naissances et des décès est le plus faible. C'est aussi la remarque faite par M. *Villermé* pour la ville de Livourne où le *minimum* des naissances a lieu en juin et non en juillet (2). « Rappelez-vous, » ajoute ce savant, les résultats que je vous ai fait » voir sur mes tableaux manuscrits, qui prouvent que » l'époque de ce *minimum* avance dans les pays méri- » dionaux, retarde dans les pays septentrionaux, et

(1) Mémoire de l'Académie de Bruxelles, tom. III, pag. 501.

(2) *Correspondance mathématique et physique*, par MM. Garnier et Quetelet, tom. II, pag. 286.

» rappelez-vous aussi que la ville de Livourne se » trouve sous le 44ᵉ degré de latitude. Ainsi, la même » loi se montre toujours; et si à Livourne le *minimum* » des naissances ne s'observe pas en juillet comme à » Bruxelles, à La Haye, à Gand, à Amsterdam, etc., c'est » à la marche de la température et à son intensité qu'il » faut l'attribuer. Vous savez que plus les latitudes de- » viennent basses, plus tôt le *maximum* des chaleurs » se fait sentir; cette observation doit être rattachée » au cas dont il s'agit. Je suis loin de prétendre tou- » tefois que la température amène, seule et directe- » ment, une moindre aptitude à nous reproduire : je » sais que dans nos régions tempérées, les mois d'a- » vril, mai, juin et juillet, suivant que l'on marche » du midi vers le nord, sont justement ceux des plus » nombreuses conceptions. Ce que je veux dire seule- » ment, c'est qu'il existe un rapport bien certain entre » la marche des saisons, le climat, d'une part, et » d'une autre part, l'intensité de la fécondité dans les » différens mois. Quelques institutions sociales, l'épo- » que des travaux, et la nourriture ont d'ailleurs une » part réelle dans le phénomène qui m'occupe : ainsi, » en Suède et en Finlande, c'est en décembre, saison » du repos, des longues nuits, et, depuis quelques » temps, d'une nourriture abondante, qu'a lieu le *mi-* » *nimum* des conceptions (1). »

---

(1) M. *Villermé* a fait depuis de nouvelles recherches dans le midi de l'Europe, qu'il a eu la bonté de nous communiquer. On sera sans doute charmé de les trouver ici.

Nous citerons ici, à l'appui des conjectures précédentes, les indications moyennes du thermomètre de Réaumur, pendant les douze mois de l'année et pour trois points éloignés de notre Royaume.

| MOIS. | BRUXELLES. | ARNHEIM. | MAESTRICHT. |
|---|---|---|---|
| Janvier | 1°,00 | 0°, 8 | 0°,56 |
| Février | 2, 75 | 2, 1 | 2, 40 |
| Mars | 6, 20 | 5, 3 | 4, 68 |
| Avril | 8, 25 | 8, 3 | 8, 58 |
| Mai | 11, 75 | 11, 0 | 12, 02 |
| Juin | 14, 23 | 14, 8 | 14, 85 |
| Juillet | 16, 50 | 15, 0 | 16, 18 |
| Août | 14, 50 | 14, 1 | 15, 65 |
| Septembre | 11, 00 | 12, 1 | 12, 99 |
| Octobre | 8, 55 | 7, 3 | 8, 66 |
| Novembre | 5, 30 | 3, 8 | 5, 22 |
| Décembre | 2, 25 | 0, 4 | 2, 66 |
| Moyenne | 8°,52 | 7°, 9 | 8°,71 |

---

Je vous adresse des résultats sur les naissances, dans la ville de Palerme, qui doivent d'autant plus vous intéresser, que nous ne possédions rien jusqu'ici pour la Sicile. Je les extrais de tableaux qui ont été rédigés par M. le docteur *François Calcagni*, et publiés par ordre des autorités. On doit les regarder comme très-authentiques. Ils sont intitulés : *Tavole Sinottiche sulla Popolazione di Palermo*, *da Settembre* 1805 *a tuto Dicembre* 1825. J'ai eu soin, dans l'addition générale que j'ai faite, de compter les naissances de chacun des douze mois un même nombre de fois. Les résultats de mon addition sont qu'il y a eu, savoir :

| | NAISSANCES réelles | En ramenant, comme vous le faites, toutes les naissances à 12,000, et tous les mois à 31 jours. |
|---|---|---|
| En Janvier | 12,603 | 1,089 |
| Février | 11,650 | 1,105 |
| Mars | 12,252 | 1,058 |
| Avril | 11,276 | 1,006 |

Doit-on conclure de ce qui précède, que la température est effectivement une cause directe de fécondité plus ou moins grande? d'une autre part, la confirmation de la loi de *Malthus* n'est-elle pas plus apparente

---

| | | |
|---|---|---|
| Mai. | 10,710 | 925 |
| Juin | 9,933 | 887 |
| Juillet | 10,654 | 920 |
| Août | 10,914 | 942 |
| Septembre | 11,149 | 994 |
| Octobre | 11,549 | 997 |
| Novembre | 11,547 | 1,031 |
| Décembre | 12,100 | 1,045 |
| | 136,437 | |

Il est assez curieux de comparer ces rapports à ceux que l'on a observés pour Livourne et à ceux que M. *Lastri* a trouvés pour la ville de Florence, pendant une période de trois siècles, de 1451 à 1774. Comme vous pouvez ignorer les résultats de Florence dont il s'agit, les voici :

| | | |
|---|---|---|
| Janvier | 80,574 | 1,120 |
| Février | 78,106 | 1,193 |
| Mars | 81,735 | 1,136 |
| Avril | 70,670 | 1,018 |
| Mai | 65,034 | 904 |
| Juin | 58,134 | 835 |
| Juillet | 61,734 | 858 |
| Août | 66,813 | 929 |
| Septembre | 66,187 | 951 |
| Octobre | 74,209 | 1,032 |
| Novembre | 74,785 | 1,074 |
| Décembre (1) | 68,191 | 948 |
| | 847,172 | |

(1) Il est à remarquer que ce *minimum*, qui forme une anomalie à notre principe, se présente neuf mois après l'époque du carême, circonstance qui avait déjà été remarquée pour la France par M. *Villermé*, dans une autre lettre que ce savant m'avait adressée en 1826 (Vol. II de la *Corresp.*, page 282).

que réelle? Il serait difficile de répondre à ces deux questions avec quelque assurance, et en s'appuyant sur les seules données que nous avons pu recueillir; nous croyons néanmoins qu'on nous permettra quelques conjectures en faveur de l'intérêt que portent avec elles ces sortes de questions. Si nous ne parvenons à saisir la vérité, nous exciterons peut-être l'attention d'autres observateurs plus heureux que nous.

Il nous paraît hors de doute que l'inégalité de tem-

---

(Nous donnerons ici un extrait d'une autre lettre de M. *Villermé*, qui confirme de plus en plus, par l'autorité irrésistible des nombres, la relation singulière que j'avais observée entre les naissances et les décès aux différens mois de l'année. Les observations de M. *Villermé*, par leur quantité, ne paraissent plus laisser aucun doute sur ce point important, et les renseignemens que j'ai pu recueillir depuis en donnent une nouvelle confirmation, comme on pourra le voir plus loin).

J'ai, depuis ma lettre, dressé des tableaux de naissances, mois par mois. Ces tableaux, non-seulement ceux que je vous ai montrés, mais encore tous ceux que j'ai pu me procurer, comprennent 12,890,000 naissances. J'ai adopté votre méthode; je ramène les nombres de chaque lieu et de chaque période à 12,000, que, par une règle de proportion, je distribue ensuite entre les 12 mois, en ayant égard à leur inégale longueur. De cette manière, on peut déduire :

1° L'influence des saisons, et, dans quelques cas, de leur marche extraordinaire (j'ai, pour confirmer cette influence, des résultats de la Suède, du Danemarck, de l'Allemagne, de la France, de l'Italie, des Antilles et même de l'autre côté de la ligne. Il est bien entendu que je me sers aussi de ceux que vous avez publiés);

2° L'influence de certains climats particuliers;

3° Celle de certaines institutions (du carême, de l'époque des fêtes, d'une nourriture abondante);

4° L'influence de l'époque des mariages les plus ou les moins nombreux.

Je me propose de rattacher à ce travail les rapports des naissances avec le lever, la culmination, le coucher et l'absence du soleil.

Paris, 28 novembre 1826.

pérature entraîne une inégalité dans le nombre des décès et des naissances; d'une autre part, notre existence ne se soutient que par une nourriture saine, que par les moyens, que nous fournit l'aisance, d'écarter les causes des maladies et de pourvoir abondamment à tous nos besoins, lorsque nous nous trouvons indisposés, ou lorsque la faiblesse de l'âge nous contraint de recourir à des secours étrangers. Or, c'est surtout pendant les rigueurs de l'hiver, que faute de ces ressources, si difficiles à acquérir, notre existence se trouve le plus exposée; c'est alors que le peuple, forcé de lutter contre l'intempérie de l'air, et de renoncer à des avantages qu'il peut se procurer plus facilement par son travail à tout autre époque, se trouve condamné à une inactivité désespérante, qui compromet ses jours et ceux d'une famille aux besoins de laquelle il devient incapable de pourvoir. Cet état pénible qui influe sur le moral de l'homme, et par suite sur ses facultés physiques, aura encore un autre effet, celui de l'exciter moins à se reproduire; avant même d'avoir éprouvé le mal dans toute son étendue, par un calcul bien naturel et auquel sa volonté ne prendra peut-être même aucune part directe, il se trouvera arrêté par la crainte d'ajouter à ses maux, en voyant croître sa famille. Cette crainte diminuera à mesure que la terre, par ses produits, et l'industrie, par l'espoir d'un juste salaire, lui laisseront entrevoir les moyens de pourvoir à ses premiers besoins. Le sentiment de son bien-être physique qui se révèle avec tant d'empire et de charmes, au retour du printemps, exercera de son côté une nouvelle influence, peut-être plus grande encore. C'est ainsi qu'aux mois d'avril, de mai et de juin, comme l'indiquent nos tableaux, se feront le plus de conceptions, tandis que six mois après le contraire aura lieu (1). Les institutions civiles et religieuses peuvent apporter quelques modifications dans nos résultats ; par exemple, on a remarqué qu'en France, quand on observait avec rigueur l'abstinence du carême, le mois de mars était moins chargé de conceptions, tandis que le contraire a eu lieu vers la fin du règne de Louis XV. Comme l'observe M. *Villermé* (2), les mœurs d'un peuple, la mesure de ses opinions, sont quelquefois écrites dans les résultats

---

(1) Les conjectures que nous émettons ici, se rapportent assez à celles qui ont été émises par M. *Benoiston de Chateauneuf*, dans son Mémoire sur l'*intensité de la fécondité en Europe*, et par M. *Fodéré* dans son *Voyage aux Alpes*, tom. II. Voici comment s'exprime ce savant. « Ici, le tableau des naissances coïncide parfaitement avec le temps des travaux champêtres et des récoltes. On y voit les conceptions se multiplier, lorsque le cultivateur ajoute à ses moyens de subsistance par la vente de son huile ; mais quand elle est vendue, quand déjà son produit en argent a disparu, et lorsqu'on est parvenu à cette saison, celle de l'été, où les grands travaux exigeraient précisément ce qui manque et ce que l'on ne peut plus se procurer, des alimens nourrissans et en abondance, alors nécessairement le penchant se tait, le rapprochement des sexes devient plus rare, et les naissances, dont l'origine appartient à cette saison, ont lieu, pour la plus grande partie, dans les villes de Nice et de Menton, où l'on travaille moins et où la subsistance est presque toujours assurée. »

Les êtres organisés se reproduisent assez généralement à des époques fixes ; il semblerait que ces époques s'effacent plus ou moins, selon l'organisation plus ou moins parfaite des individus.

(2) *Correspondance mathématique et physique*, tom. II, pag. 286.

de la statistique ; il ne faut que savoir les lire. Les époques des mariages, plus ou moins nombreux, sont encore des motifs qui doivent modifier nos résultats, et même d'une manière plus puissante que je ne l'avais pensé d'abord. Cette observation peut se faire d'une manière assez curieuse en examinant le tableau suivant, qui a été dressé pour Paris et pour les années comprises entre 1670 et 1787, c'est-à-dire pour plus d'un siècle (1). Malgré les irrégularités que doivent apporter dans les résultats, les mouvemens d'une population qui augmente surtout vers les approches de l'hiver, ainsi que les changemens qu'ont subis pendant plus d'un siècle, les institutions civiles et sociales, on reconnaîtra fort bien que le *maximum* des conceptions a eu lieu pendant les mois d'avril, de mai et de juin. On reconnaîtra aussi que les mariages, moins nombreux pendant le carême, ont diminué le nombre des conceptions. Mais cette diminution semble tenir plus encore des habitudes religieuses ; car on ne remarque pas que le peu de mariages du mois de décembre, ait eu la même influence (2).

(1) *Recherches statistiques de Paris*, vol. II et III.

(2) Pendant l'impression de ce Mémoire, nous recevons de M. *Villermé* une Notice *sur la fécondité dans la ville de Paris*, où ce savant énonce une opinion entièrement semblable à la nôtre : « Les époques du *maximum* et du *minimum* des mariages, n'ont point d'influence *bien marquée* sur la distribution des conceptions. On dirait que l'entrée des nouvelles femmes dans la classe de celles qui peuvent devenir enceintes, n'augmente pas la proportion, je ne dis point le nombre, de celles qui le deviennent.... Le très-petit nombre de naissances du mois de décembre, qui a pour neuvième antécédent le mois de mars, est l'effet des *abstinences* du carême. »

| MOIS | NAISSANCES. | CONCEPTIONS. | MARIAGES. (1). |
|---|---|---|---|
| Janvier | 1,000 | 922 | 1,000 |
| Février | 1,056 | 901 | 1,389 |
| Mars | 1,010 | 857 | 231 |
| Avril | 968 | 1,000 | 714 |
| Mai | 915 | 1,056 | 956 |
| Juin | 862 | 1,010 | 826 |
| Juillet | 878 | 968 | 868 |
| Août | 929 | 915 | 799 |
| Septembre | 941 | 862 | 850 |
| Octobre | 922 | 878 | 888 |
| Novembre | 901 | 929 | 1,206 |
| Décembre | 857 | 941 | 132 |

## *Naissances pendant le jour.*

D'après les singuliers rapports qui existent entre les saisons et les nombres des naissances, M. *Villermé* a eu la curiosité de rechercher s'il n'existait pas aussi une plus grande facilité de naissances pendant certaines heures du jour. Ayant eu communication des résultats recueillis pour lui, à l'hôpital de la Maternité de Paris, j'ai tâché de m'en procurer de semblables pour Bruxelles. Je les ai obtenus sans peine de M. *Guiette*, docteur en médecine, attaché à la maternité de l'hôpital St.-Pierre; ce sont les résultats de onze années d'observations, depuis 1811 jusqu'à la fin de 1822. Je les ai communiqués depuis à M. *Villermé*, qui les a trouvés parfaitement analogues aux résultats obtenus à l'hôpital de la Maternité de Paris. Quoique ces ob-

(1) On conçoit qu'il ne faut considérer dans ces nombres que les rapports.

servations soient peu nombreuses, je les consigne ici à cause de l'intérêt qu'elles présentent. On trouve en même temps l'indication du nombre des enfans morts-nés. Le total s'élève à 2,680 naissances dont 1,408 masculines et 1,272 féminines. On s'étonnera peut-être de trouver si peu de naissances entre 11 heures et minuit, on croit pourtant pouvoir garantir que les annotations ont été faites soigneusement. On conçoit que l'utilité de pareilles observations doit nécessairement dépendre de leur extrême exactitude.

| | MATIN. | | SOIR. | |
|---|---|---|---|---|
| HEURES. | NAISSANCES. | MORTS-NÉS. | NAISSANCES. | MORTS-NÉS. |
| 1 | 142 | 6 | 94 | 9 |
| 2 | 173 | 9 | 97 | 11 |
| 3 | 130 | 10 | 88 | 8 |
| 4 | 122 | 14 | 91 | 9 |
| 5 | 120 | 9 | 104 | 11 |
| 6 | 111 | 5 | 100 | 11 |
| 7 | 112 | 5 | 121 | 15 |
| 8 | 99 | 5 | 97 | 5 |
| 9 | 88 | 6 | 133 | 10 |
| 10 | 130 | 13 | 115 | 10 |
| 11 | 137 | 16 | 224 | 15 |
| 12 | 48 | 6 | 4 | » |

M. *Guiette* nous a communiqué encore un tableau indiquant les décès aux différentes heures du jour, d'après 30 ans d'observations. Nous devons prévenir que le nombre des décès est trop faible à midi, par un motif assez remarquable; c'est que les exécutions à Bruxelles, ayant lieu à cette heure, par une espèce de concession faite aux préjugés, on a permis souvent de porter sur les heures voisines les indications des décès qui avaient eu lieu à midi.

## DÉCÈS.

| HEURES. | MATIN. | SOIR. |
|---|---|---|
| 1 | 228 | 257 |
| 2 | 253 | 233 |
| 3 | 230 | 217 |
| 4 | 242 | 237 |
| 5 | 231 | 281 |
| 6 | 213 | 233 |
| 7 | 217 | 204 |
| 8 | 248 | 194 |
| 9 | 207 | 199 |
| 10 | 228 | 220 |
| 11 | 311 | 243 |
| 12 | 110 | 14 |

Nous laisserons au lecteur le soin de déduire des conclusions des résultats précédens; nous observerons cependant, qu'ils sont en trop faible quantité pour qu'on ne doive pas désirer des recherches ultérieures sur le même sujet.

### *De la Mortalité.*

Quand je publiai mon premier Mémoire sur la population de Bruxelles, la table de mortalité de *Kerseboom,* dressée pour les rentiers viagers de la Hollande, était, du moins à ma connaissance, la seule que nous eussions encore pour ce Royaume. Elle a été souvent citée par les savans; mais comme elle est généralement peu connue, nous avons cru faire plaisir, en la reproduisant ici:

## TABLE DE MORTALITÉ DE KERSEBOOM.

| ANS. | | ANS. | | ANS. | |
|---|---|---|---|---|---|
| 0 | 1400 | 33 | 675 | 66 | 301 |
| 1 | 1125 | 34 | 625 | 67 | 287 |
| 2 | 1075 | 35 | 255 | 68 | 273 |
| 3 | 1030 | 36 | 645 | 69 | 259 |
| 4 | 993 | 37 | 635 | 70 | 245 |
| 5 | 964 | 38 | 625 | 71 | 231 |
| 6 | 947 | 39 | 615 | 72 | 217 |
| 7 | 930 | 40 | 605 | 73 | 203 |
| 8 | 913 | 41 | 596 | 74 | 189 |
| 9 | 904 | 42 | 587 | 75 | 175 |
| 10 | 895 | 43 | 578 | 76 | 160 |
| 11 | 886 | 44 | 569 | 77 | 145 |
| 12 | 878 | 45 | 560 | 78 | 130 |
| 13 | 870 | 46 | 550 | 79 | 115 |
| 14 | 863 | 47 | 540 | 80 | 100 |
| 15 | 856 | 48 | 530 | 81 | 87 |
| 16 | 849 | 49 | 518 | 82 | 75 |
| 17 | 842 | 50 | 507 | 83 | 64 |
| 18 | 835 | 51 | 495 | 84 | 55 |
| 19 | 826 | 52 | 482 | 85 | 45 |
| 20 | 817 | 53 | 470 | 86 | 36 |
| 21 | 808 | 54 | 458 | 87 | 28 |
| 22 | 800 | 55 | 446 | 88 | 21 |
| 23 | 792 | 56 | 434 | 89 | 15 |
| 24 | 783 | 57 | 421 | 90 | 10 |
| 25 | 772 | 58 | 408 | 91 | 7 |
| 26 | 760 | 59 | 395 | 92 | 5 |
| 27 | 747 | 60 | 382 | 93 | 3 |
| 28 | 735 | 61 | 369 | 94 | 2 |
| 29 | 723 | 62 | 956 | 95 | 1 |
| 30 | 711 | 63 | 343 | 96 | 0 |
| 31 | 699 | 64 | 329 | | |
| 32 | 687 | 65 | 315 | | |

On a observé avec raison, que cette table a été dressée pour des individus dont la position ne peut guère être assimilée à celle des hommes pris dans l'état ordinaire de la société; et que, par là même, elle devient moins propre à déduire des conclusions sur la véritable marche de la nature.

Comparons maintenant aux résultats de la table de *Kerseboom*, ceux qu'on obtient par la table que j'ai culculée pour Bruxelles, et ceux que donne la table qu'à ma prière M. *Verhulst* a calculée depuis, par la méthode des interpolations, en se servant des données que M. *Lobatto* a consignées dans son annuaire *(Jaarboekje)*. L'une et l'autre établit la distinction des sexes; chose importante à observer, mais difficile dans son exécution.

# TABLE

## DE MORTALITÉ POUR LA VILLE

## DE BRUXELLES.

| AGES. | HOMMES. | FEMMES. | AGES. | HOMMES. | FEMMES. | AGES. | HOMMES. | FEMMES. |
|---|---|---|---|---|---|---|---|---|
| 0 | 7418 | 6843 | 35 | 2921 | 2977 | 70 | 835 | 1096 |
| 1 | 5674 | 5536 | 36 | 2873 | 2928 | 71 | 767 | 4023 |
| 2 | 5023 | 4942 | 37 | 2824 | 2879 | 72 | 699 | 948 |
| 3 | 4654 | 4614 | 38 | 2774 | 2830 | 73 | 631 | 872 |
| 4 | 4431 | 4409 | 39 | 2723 | 2780 | 74 | 564 | 797 |
| 5 | 4304 | 4225 | 40 | 2671 | 2730 | 75 | 498 | 723 |
| 6 | 4194 | 4209 | 41 | 2618 | 2680 | 76 | 433 | 650 |
| 7 | 4138 | 4137 | 42 | 2564 | 2629 | 77 | 369 | 581 |
| 8 | 4089 | 4100 | 43 | 2509 | 2578 | 78 | 319 | 517 |
| 9 | 4051 | 4069 | 44 | 2453 | 2527 | 79 | 269 | 457 |
| 10 | 4026 | 4039 | 45 | 2396 | 2476 | 80 | 234 | 402 |
| 11 | 4005 | 4006 | 46 | 2338 | 2425 | 81 | 202 | 352 |
| 12 | 3986 | 3992 | 47 | 2280 | 2374 | 82 | 172 | 307 |
| 13 | 3968 | 3967 | 48 | 2222 | 2323 | 83 | 144 | 268 |
| 14 | 3951 | 3941 | 49 | 2164 | 2272 | 84 | 119 | 232 |
| 15 | 3935 | 3914 | 50 | 2105 | 2221 | 85 | 97 | 198 |
| 16 | 3915 | 3887 | 51 | 2046 | 2170 | 86 | 76 | 165 |
| 17 | 3893 | 3859 | 52 | 1987 | 2119 | 87 | 54 | 133 |
| 18 | 3863 | 3830 | 53 | 1928 | 2068 | 88 | 42 | 101 |
| 19 | 3826 | 3799 | 54 | 1869 | 2017 | 89 | 30 | 73 |
| 20 | 3781 | 3766 | 55 | 1809 | 1966 | 90 | 21 | 55 |
| 21 | 3714 | 3721 | 56 | 1749 | 1915 | 91 | 14 | 41 |
| 22 | 3647 | 3673 | 57 | 1689 | 1864 | 92 | 9 | 30 |
| 23 | 3581 | 3620 | 58 | 1629 | 1813 | 93 | 6 | 22 |
| 24 | 3518 | 3563 | 59 | 1568 | 1762 | 94 | 4 | 17 |
| 25 | 3455 | 3505 | 60 | 1506 | 1711 | 95 | 3 | 14 |
| 26 | 3394 | 3448 | 61 | 1444 | 1659 | 96 | 2 | 11 |
| 27 | 3333 | 3392 | 62 | 1381 | 1606 | 97 | 1 | 8 |
| 28 | 3273 | 3337 | 63 | 1316 | 1550 | 98 | | 5 |
| 29 | 3218 | 3283 | 64 | 1249 | 1492 | 99 | | 2 |
| 30 | 3166 | 3230 | 65 | 1181 | 1431 | 100 | | 1 |
| 31 | 3116 | 3178 | 66 | 1112 | 1368 | 101 | | 1 |
| 32 | 3067 | 3127 | 67 | 1042 | 1303 | 102 | | 1 |
| 33 | 3018 | 3077 | 68 | 973 | 1236 | | | |
| 34 | 2969 | 3027 | 69 | 904 | 1167 | | | |

# TABLE

## DE MORTALITÉ POUR LA VILLE D'AMSTERDAM.

| AGES. | HOMMES. | FEMMES. | AGES. | HOMMES. | FEMMES. | AGES. | HOMMES. | FEMMES. |
|---|---|---|---|---|---|---|---|---|
| 0 | 10000 | 10000 | 35 | 4130 | 4937 | 70 | 1040 | 1698 |
| 1 | 7417 | 7909 | 36 | 4048 | 4856 | 71 | 946 | 1565 |
| 2 | 6713 | 7292 | 37 | 3962 | 4772 | 72 | 849 | 1429 |
| 3 | 6323 | 6895 | 38 | 3872 | 4686 | 73 | 763 | 1290 |
| 4 | 6103 | 6696 | 39 | 3784 | 4606 | 74 | 681 | 1165 |
| 5 | 5973 | 6550 | 40 | 3702 | 4532 | 75 | 607 | 1049 |
| 6 | 5873 | 6451 | 41 | 3624 | 4461 | 76 | 534 | 935 |
| 7 | 5804 | 6384 | 42 | 3551 | 4394 | 77 | 462 | 822 |
| 8 | 5754 | 6344 | 43 | 3479 | 4329 | 78 | 400 | 710 |
| 9 | 5711 | 6305 | 44 | 3405 | 4262 | 79 | 345 | 611 |
| 10 | 5660 | 6264 | 45 | 3326 | 4191 | 80 | 296 | 526 |
| 11 | 5641 | 6232 | 46 | 3244 | 4119 | 81 | 251 | 446 |
| 12 | 5620 | 6209 | 47 | 3161 | 4047 | 82 | 210 | 370 |
| 13 | 5597 | 6194 | 48 | 3077 | 3974 | 83 | 173 | 298 |
| 14 | 5573 | 6171 | 49 | 2993 | 3899 | 84 | 140 | 238 |
| 15 | 5546 | 6143 | 50 | 2908 | 3819 | 85 | 116 | 192 |
| 16 | 5515 | 6116 | 51 | 2822 | 3738 | 86 | 96 | 152 |
| 17 | 5480 | 6090 | 52 | 2734 | 3635 | 87 | 79 | 120 |
| 18 | 5441 | 6065 | 53 | 2645 | 3569 | 88 | 66 | 95 |
| 19 | 5398 | 6028 | 54 | 2555 | 3480 | 89 | 55 | 75 |
| 20 | 5351 | 5982 | 55 | 2464 | 3387 | 90 | 47 | 58 |
| 21 | 5294 | 5922 | 56 | 2371 | 3293 | 91 | 40 | 45 |
| 22 | 5223 | 5871 | 57 | 2276 | 3198 | 92 | 34 | 35 |
| 23 | 5138 | 5808 | 58 | 2181 | 3100 | 93 | 29 | 27 |
| 24 | 5039 | 5743 | 59 | 2086 | 2997 | 94 | 24 | 21 |
| 25 | 4925 | 5677 | 60 | 1991 | 2891 | 95 | 21 | 16 |
| 26 | 4825 | 5607 | 61 | 1896 | 2783 | 96 | 18 | 12 |
| 27 | 4732 | 5535 | 62 | 1800 | 2673 | 97 | 15 | 8 |
| 28 | 4645 | 5461 | 63 | 1702 | 2560 | 98 | 13 | 4 |
| 29 | 4563 | 5387 | 64 | 1606 | 2445 | 99 | 11 | 3 |
| 30 | 4483 | 5314 | 65 | 1511 | 2326 | 100 | 9 | 2 |
| 31 | 4412 | 5240 | 66 | 1416 | 2205 | 101 | 3 | 0 |
| 32 | 4342 | 5166 | 67 | 1321 | 2081 | | | |
| 33 | 4275 | 5091 | 68 | 1224 | 1955 | | | |
| 34 | 4205 | 5015 | 69 | 1130 | 1827 | | | |

En substituant aux nombres des figures qui peignent, pour ainsi dire, la loi de la mortalité, on trouve des lignes qui ne s'écartent pas sensiblement de celles qu'on a construites dans plusieurs autres pays.

Si l'on cherche quelle est la vie probable, c'est-à-dire, le nombre d'années après lequel la probabilité d'exister et celle de ne pas exister sont les mêmes, on trouve que ce terme, à compter de la naissance, tombe à Paris entre 8 et 9 ans; à Londres, un peu avant 3 ans; à Vienne, un peu avant 2; un peu après, à Berlin: tandis que pour Bruxelles, ce terme tomberait vers 21 ans pour les garçons, entre 26 et 27 pour les filles, et après 23 ans, quand on ne fait aucune distinction de sexes, et pour Amsterdam, après 24 ans pour les garçons et après 34 pour les filles. « La table de l'*annuaire*, moyenne pour toute la France, le place entre 20 et 21 ans; celle d'Angleterre, entre 27 et 28; celle de Brandebourg, entre 25 et 26; celle de la Hollande à 31, et celle de Suisse, à 41 ans. Cette prodigieuse différence entre les campagnes et la ville, ne saurait être attribuée qu'aux suites de l'extrême misère, à la malpropreté, au resserrement des demeures et à l'insalubrité qui en est la conséquence dans les capitales (1). » Cette grande disproportion ne peut-elle pas tenir encore à une loi de la nature, qui permet d'autant moins à une population de se multiplier, que le

(1) Voyez le calcul des probabilités par M. *Lacroix*, à qui nous empruntons la plupart de ces données.

terrain qu'elle couvre, est déjà plus peuplé. Nous ignorons les moyens qu'elle emploie pour parvenir à ces fins; nous ne savons si le principe destructeur se trouve dans l'air même que nous respirons; mais à en juger par les effets, il en est de nous à peu près comme des arbres d'une forêt, qu'on ne saurait multiplier au-delà de certaines limites dépendantes de la surface du sol qui les nourrit. Il est à remarquer d'ailleurs que la mortalité la plus grande atteint surtout les enfans au moment où ils entrent dans la vie.

Dans l'hypothèse d'une population stationnaire, à l'âge de 5 ans, la vie probable est à son *maximum* à Bruxelles; elle est de plus de 44 ans pour les garçons, et de plus de 47 pour les filles : quand on ne fait aucune distinction de sexes, elle est d'environ 45 ans et demi. A l'âge de 30 ans, la vie probable est encore de 32 ans; à l'âge de 50, de 18; et à l'âge de 70, d'environ 7 ans.

A l'âge de 40 ans, la vie probable est à Paris, de plus de 21 ans; en France, terme moyen, 23 ans; en Hollande, 26; à Londres, 18; à Vienne, plus de 19 ans; à Berlin de même; en Suisse, près de 25. A Bruxelles, la vie probable à la même époque, est d'environ 23 ans, pour les hommes, de près de 26 pour les femmes, et d'environ 24, quand on ne fait point de distinction de sexes. A Amsterdam, elle est de moins de 22 ans, pour les hommes et de plus de 25 pour les femmes.

Selon *Price*, la probabilité de parvenir à 80 ans,

est de $\frac{2}{43}$ dans le pays de Vaud, $\frac{2}{45}$ en Brandebourg, $\frac{1}{30}$ à Breslaw, $\frac{1}{37}$ à Berlin, $\frac{1}{40}$ à Londres, $\frac{1}{41}$ à Vienne. A Bruxelles, nous trouvons que cette même probabilité a pour valeur $\frac{1}{29}$ pour les hommes, $\frac{1}{17}$ pour les femmes, et $\frac{1}{27}$ quand on ne fait point de distinction de sexes.

On pourra, au moyen de nos tables, pousser ces rapprochemens plus loin, et l'on trouvera presque toujours que la mortalité dans notre Royaume, est moins forte que dans les autres pays.

La table de mortalité dressée d'après les registres de la ville de Bruxelles, est calculée sur 14,261 décès. Quoique ce nombre d'observations soit assez faible, la table s'accorde cependant bien avec celle des pays voisins, et semblerait offrir des garanties suffisantes pour servir de table de mortalité provisoire. Je l'ai combinée depuis, avec deux autres dressées, l'une d'après 8,413 décès, observés pendant 15 ans à Maestricht (1), l'autre d'après 8,771 décès, recueillis par M. *Lemaire* sur les registres de l'état-civil de Tournai, et calculés sous ses yeux par M. *A. Leschevain*. J'ai fait disparaître les petites inégalités produites par des déclarations de décès portées en trop grand nombre sur certaines années, aux dépens des années voisines (2); et j'ai fait les calculs, en partant d'un nombre

---

(1) Voyez l'*Annuaire* de la province de Limbourg, année 1824.

(2) Plusieurs personnes, par exemple, en faisant la déclaration d'un décès, diront 60 ans au lieu de 59 ou 61 ans.

rond 100,000. Voici les résultats auxquels je suis parvenu.

*Table de Mortalité pour les provinces Méridionales des Pays-Bas.*

| ANS. | | ANS. | | ANS. | | ANS. | |
|---|---|---|---|---|---|---|---|
| 0 | 100,000 | 28 | 45,866 | 56 | 27,155 | 84 | 2,929 |
| 1 | 77,507 | 29 | 45,284 | 57 | 26,357 | 85 | 2,429 |
| 2 | 69,470 | 30 | 44,709 | 58 | 25,547 | 86 | 2,000 |
| 3 | 64,799 | 31 | 44,147 | 59 | 24,727 | 87 | 1,619 |
| 4 | 61,899 | 32 | 43,589 | 60 | 23,890 | 88 | 1,285 |
| 5 | 59,864 | 33 | 43,023 | 61 | 23,041 | 89 | 998 |
| 6 | 58,726 | 34 | 42,448 | 62 | 22,176 | 90 | 744 |
| 7 | 57,800 | 35 | 41,857 | 63 | 21,296 | 91 | 537 |
| 8 | 57,129 | 36 | 41,249 | 64 | 20,402 | 92 | 378 |
| 9 | 56,557 | 37 | 40,629 | 65 | 19,493 | 93 | 267 |
| 10 | 56,077 | 38 | 39,990 | 66 | 18,571 | 94 | 204 |
| 11 | 55,660 | 39 | 39,335 | 67 | 17,636 | 95 | 150 |
| 12 | 55,409 | 40 | 38,670 | 68 | 16,688 | 96 | 105 |
| 13 | 54,919 | 41 | 37,999 | 69 | 15,731 | 97 | 76 |
| 14 | 54,569 | 42 | 37,322 | 70 | 14,761 | 98 | 54 |
| 15 | 54,226 | 43 | 36,638 | 71 | 13,769 | 99 | 38 |
| 16 | 53,883 | 44 | 35,948 | 72 | 12,781 | 100 | 25 |
| 17 | 53,533 | 45 | 35,252 | 73 | 11,718 | 101 | 19 |
| 18 | 53,167 | 46 | 34,549 | 74 | 10,697 | 102 | 16 |
| 19 | 52,643 | 47 | 33,840 | 75 | 9,679 | 103 | 13 |
| 20 | 51,956 | 48 | 33,125 | 76 | 8,706 | 104 | 10 |
| 21 | 51,132 | 49 | 32,406 | 77 | 7,810 | 105 | 7 |
| 22 | 50,309 | 50 | 31,671 | 78 | 6,977 | 106 | 4 |
| 23 | 49,498 | 51 | 30,940 | 79 | 6,213 | 107 | 2 |
| 24 | 48,703 | 52 | 30,199 | 80 | 5,501 | 108 | 1 |
| 25 | 47,939 | 53 | 29,452 | 81 | 4,798 | 109 | 0 |
| 26 | 47,218 | 54 | 28,698 | 82 | 4,131 | | |
| 27 | 46,528 | 55 | 27,871 | 83 | 3,504 | | |

Je m'abstiendrai de déduire des conséquences de cette table ; elles se présenteront assez d'elles-mêmes.

Je me contenterai de faire observer qu'ici, comme dans les pays voisins, un peu moins du quart des enfans naissans, sont enlevés dès la première année; et que la plus grande mortalité retombe surtout sur le mois qui suit la naissance. Voici les nombres que j'ai trouvés pour Bruxelles et pour les douze mois de la première année 1044, 390, 231, 185, 156, 156, 162, 152, 140, 153, 142, 140. Ainsi, il meurt plus d'enfans pendant les trois mois qui suivent la naissance, que pendant le reste de l'année; car ces nombres sont dans le rapport de 1665 à 1384. Je trouve que les nombres correspondans, sont dans le rapport de 1764 à 693, pour Paris, et pendant l'année 1823 (1), les discordances entre ces deux rapports, mériteraient d'être observées attentivement; elles apprendraient sans doute des choses d'une utilité générale. En consultant les autres *Annuaires du bureau des longitudes*, ainsi que *les Recherches statistiques sur Paris*, je trouve presque partout qu'il meurt, pendant les trois premiers mois qui suivent la naissance, plus du double et près du triple des enfans qui meurent pendant le reste de l'année. De semblables remarques ont déjà été faites par d'autres écrivains, qui ont cru trouver la cause de la disproportion des décès dans l'habitude où sont les mères de nourrir elles-mêmes, ou d'abandonner leurs enfans à des nourrices. Voici ce que dit à cet égard, M. *Benoiston de Chateauneuf*, dans son excel-

(1) *Annuaire du bureau des longitudes*, pour 1826.

lent ouvrage sur les enfans trouvés. « Il est vrai que pour conserver la vie des enfans, les soins font tout, et le climat rien ou peu de chose; que la Suisse et la Hollande sont les pays où il en meurt le moins. L'explication de ce fait, déjà remarqué par *Muret*, serait-elle dans l'habitude qu'ont toutes les mères, au pied des Alpes comme sur les bords de l'Amstel, de nourrir elles-mêmes leurs enfans, nous l'ignorons; mais, nous dirons seulement qu'ayant été curieux de comparer la mortalité en nourrice avec celle des enfans élevés à Paris, nous avons eu le résultat suivant : sur cent enfans nourris par leur mère, il en meurt dix-huit durant la première année; sur le même nombre mis en nourrice, il en périt vingt-neuf. »

*Hospices des enfans trouvés et abandonnés.*

Pour mieux faire ressortir les observations précédentes, je donnerai ici des renseignemens assez étendus sur les enfans trouvés et abandonnés : je les ai coordonnés avec soin, et j'en ai déduit le tableau suivant, qui donne les résultats moyens de huit années, savoir de 1815 à 1822. Ces résultats s'écartent généralement peu de ceux que chaque année donne en particulier.

| HOSPICES. | POPULATION AU 1er JANVIER. | ENTRÉS. | SORTIS: PAR DÉCÈS. | RÉCLAMÉS. | A cause de l'âge ou pour d'autres motifs. | TOTAL. | POPULATION MOYENNE PENDANT l'année. | RAPPORT de la population moyenne AUX DÉCÈS. | RAPPORT des décès à 100 entrées. |
|---|---|---|---|---|---|---|---|---|---|
| Bruxelles . | 1793 | 470 | 312 | 42 | 161 | 515 | 1771 | 5,68 | 66,38 |
| Louvain . . | 597 | 121 | 63 | 9 | 49 | 121 | 603 | 9,57 | 52,07 |
| Maestricht . | 278 | 85 | 33 | 23 | 9 | 65 | 292 | 8,85 | 38,82 |
| Liége . . . | 235 | 49 | 12 | 2 | 28 | 42 | 236 | 19,67 | 24,49 |
| Gand . . . | 643 | 168 | 102 | 14 | 45 | 161 | 650 | 6,37 | 60,71 |
| Oudenaerde . | 50 | 17 | 4 | 1 | 1 | 6 | 55 | 13,75 | 23,53 |
| Termonde . | 40 | 5 | 1 | 1 | » | 2 | 42 | 42,00 | 20,00 |
| Bruges . . | 151 | 55 | 6 | 24 | 5 | 35 | 161 | 26,83 | 10,91 |
| Ypres . . . | 43 | 13 | 1 | » | 2 | 3 | 48 | 48,00 | 7,69 |
| Courtrai . . | 135 | 37 | 1 | 1 | 9 | 11 | 148 | 148,00 | 2,70 |
| Furnes . . | 13 | 3 | 1 | » | 1 | 2 | 14 | 14,00 | 3,33 |
| Mons . . . | 938 | 255 | 148 | 18 | 30 | 196 | 969 | 6,55 | 58,04 |
| Tournai . . | 410 | 134 | 62 | 28 | 18 | 108 | 424 | 6,84 | 46,27 |
| Amsterdam . | 3855 | 713 | 356 | 236 | 268 | 860 | 3782 | 10,62 | 49,93 |
| Namur . . | 941 | 484 | 119 | 7 | 326 | 452 | 957 | 8,04 | 24,59 |
| Anvers. . . | 1651 | 326 | 131 | 51 | 36 | 218 | 1707 | 13,03 | 40,18 |
| Malines. . . | 481 | 93 | 29 | 10 | 20 | 59 | 499 | 17,21 | 31,19 |
| Lierre. . . . | 69 | 24 | 2 | 4 | 5 | 11 | 75 | 37,50 | 8,33 |
| Luxembourg. | 101 | 28 | 5 | » | 11 | 16 | 105 | 21,00 | 17,86 |
| TOTAL . . | 12424 | 3080 | 1388 | 471 | 1024 | 2883 | 12538 | 9,03 | 45,07 |

Si nous considérons d'abord la population moyenne des hospices des enfans trouvés et abandonnés, nous verrons que le rapport de cette population aux décès est sensiblement égal au rapport que nous obtenons plus loin pour les hospices de mendicité; car ce dernier vaut 8,91, tandis que nous venons de trouver pour l'autre 9,03. Pour nous faire une idée plus exacte encore sur le degré de confiance que nous pouvons avoir dans les valeurs moyennes données précédemment, prenons les valeurs générales, d'année en année, depuis 1815 jusqu'à 1822.

| Années. | Population au 1er janvier. | Entrés. | Sortis: Par décès. | Sortis: Réclamés. | Sortis: Par l'âge ou d'autres motifs. | Total. | Population moyenne. | Rapport de la population moyenne aux décès. | Rapport des décès à 100 entrées. |
|---|---|---|---|---|---|---|---|---|---|
| 1815 | 10739 | 2918 | 1597 | 235 | 649 | 2481 | 10953 | 6,88 | 54,73 |
| 1816 | 11176 | 3075 | 1459 | 262 | 701 | 2422 | 11497 | 7,88 | 47,45 |
| 1817 | 11829 | 3943* | 1793 | 271 | 895 | 2959 | 12315 | 6,87 | 45,47 |
| 1818 | 12813 | 3241 | 1290 | 549 | 2967 | 2806 | 13026 | 10,10 | 39,80 |
| 1819 | 13248 | 3148 | 1346 | 583 | 1023 | 2952 | 13342 | 9,91 | 42,76 |
| 1820 | 13444 | 3001 | 1200 | 749 | 1194 | 3143 | 13366 | 11,14 | 39,99 |
| 1821 | 13302 | 2636 | 1200 | 584 | 1317 | 3101 | 13065 | 10,89 | 45,52 |
| 1822 | 12837 | 2688 | 1160 | 467 | 1305 | 2932 | 12700 | 10,95 | 43,15 |
| Total. | 99388 | 24650 | 11045 | 3700 | 8051 | 22796 | 100264 | 9,03 | 45,07 |

Les écarts sont assez sensibles et proviennent sur-

(*) Le nombre des entrées en 1817, n'a pas été en rapport avec celui des autres années; mais on se rappellera aussi que la disette s'est fait ressentir plus vivement pendant cette année.

tout de ce que la mortalité a diminué dans les hospices depuis 1815 jusqu'en 1822. Nous voyons effectivement qu'à la première époque, sur sept enfans, il en mourait annuellement un, tandis que plus tard, il n'en mourait qu'un seul sur onze.

Nous aurons occasion de remarquer une semblable diminution de mortalité dans les dépôts de mendicité, à partir des mêmes époques. Si l'on cherche à savoir quel est, dans les provinces méridionales du Royaume, le rapport de la population moyenne des enfans âgés de moins de 12 ans aux décès, on trouve, d'après la table de mortalité que nous avons donnée plus haut que sur 815,488 enfans, il en meurt annuellement 44,340. On déduit de là le rapport 18,39 est à 1, qui est le double du rapport trouvé pour les hospices. Nous avons regardé comme terme du séjour dans ces derniers établissemens, douze ans; cependant dans quelques-uns d'entre eux, le terme du séjour est plus long, et conséquemment le rapport en devrait devenir plus grand, car au-dessus de 12 ans, la mortalité est moins forte que pour les enfans en bas âge. Il faut observer encore que les enfans qui entrent dans les hospices, par cela même qu'ils vivent, ont échappé aux premiers dangers qui entouraient leur naissance; plusieurs même n'y entrent qu'après plusieurs mois d'existence. Il faut ajouter, il est vrai, à ces observations, qu'un assez bon nombre d'enfans sont réclamés, après avoir passé dans les hospices leurs premières années, qui sont les plus critiques; et qu'ils diminuent ainsi la partie de la population la moins exposée à la mortalité. D'une autre part, les enfans trouvés ou abandonnés portent souvent les traces des vices de leurs parens, ou sont présentés dans l'état le plus déplorable, de même que les individus qui entrent dans les dépôts de mendicité.

M. *Benoiston de Chateauneuf*, dans ses *Considérations sur les enfans trouvés* dans les principaux États de l'Europe (1), a recherché quel était, d'après les documens les plus authentiques, la mortalité des enfans en Europe de 0 à un an et de 0 à 10 ans : voici les résultats auxquels il est parvenu.

| DE 0 à 1 AN. | PERTE SUR 100. | DE 0 A 10 ANS. | PERTE SUR 100. |
|---|---|---|---|
| En Suisse | 19,109 | En Suisse | 34,871 |
| En Hollande | 19,642 | En Hollande | 36,214 |
| A Geneve | 19,507 | A Geneve | 39,329 |
| A Paris | 21,287 | A Pétersbourg | 41,974 |
| En France (2) | 23,248 | En France | 44,452 |
| En Provence | 24,211 | En Provence | 47,024 |
| A Pétersbourg | 27,897 | A Londres | 48,453 |
| En Suède | 28,393 | En Suède | 50,044 |
| A Londres | 36,371 | A Paris | 52,501 |
| A Berlin | 39,538 | A Berlin | 54,108 |
| A Vienne | 45,594 | A Vienne | 55,578 |

Si nous comparons ces résultats à ceux que nous obtenons par nos tables de mortalité, nous trouvons

(1) A Paris, chez *Martinet*, rue du Coq Saint-Honoré, nº 15, in-8º, 1824.

(2) Nous avons ajouté les nombres relatifs à la France, d'après l'*annuaire* du bureau des longitudes.

que dans les provinces méridionales du Royaume, la perte sur 100, depuis 0 à 1 an, est de 22,49, et pour Bruxelles de 21,30. La perte sur 100, de 0 à 10 ans, est de 43,44 pour la partie méridionale du Royaume, et de 42,97 pour Bruxelles.

D'après ce qui précède, la mortalité parmi les enfans est généralement moins forte dans notre royaume que dans les autres pays. Cette mortalité moins forte, peut en effet tenir à ce que les femmes sont ici assez généralement dans l'habitude de nourrir elles-mêmes leurs enfans. M. *Benoiston de Chauteauneuf*, pour juger du degré de mortalité parmi les enfans trouvés ou abandonnés, a pris, comme nous l'avons fait, le rapport entre les décès et les entrées dans les hospices. Ce zélé philanthrope a trouvé de cette manière, que pour toute la France, en 1821, la perte sur 100 enfans entrés était de 57,63; nous avons trouvé que ce même rapport moyen était 100 à 45,07 pour nos provinces; et que pendant huit années, ce rapport avait eu pour limites extrêmes 100 est à 39,80 et 100 est à 54,73. La mortalité a donc été toujours moins forte qu'en France; cependant, elle a été assez considérable dans les hospices de quelques grandes villes, telle que *Mons*, *Gand* et *Bruxelles*. La perte moyenne pour cette dernière ville, est de 66,38 sur 100; elle était de 79 sur 100, de 1812 à 1817, comme le remarque M. *Benoiston*. A cette époque, l'hospice peu vaste, mal aéré, malsain, fut transporté dans un autre quartier de la ville, et depuis lors on a remarqué un abaissement dans le nombre des décès. Quand on songe qu'en 1811, il mourait dans les hospices de Vienne, 92 enfans sur 100, on demeure épouvanté des ravages qu'exerce la mortalité sur l'enfance.

Les tableaux précédens nous montrent que sur 22796 enfans sortis des hospices, on doit en compter 11045 qui y sont morts, 3700 qui ont été réclamés et 8051 qui sont sortis par l'âge ou d'autres motifs. Ces nombres sont dans les rapports de 100 à 48,44, de 100 à 16,23, de 100 à 35,31. Ainsi la moitié des enfans qui entrent aux hospices n'en sortent que par suite de décès, et la moitié environ de ceux qui restent, sont réclamés.

Nous ferons succéder à ces aperçus un tableau indiquant les paiemens moyens que les différens hospices des provinces méridionales font, année par année, pour les enfans trouvés et abandonnés qu'ils placent à la campagne. La ville d'*Amsterdam* n'envoie que fort peu d'enfans au dehors, et alors les prix d'entretien ne sont pas estimés d'après l'âge des enfans, mais d'après la durée de la pension : ainsi l'on paie généralement, pour les 2 ou 3 premières années, 50 florins pour nourriture et vêtemens ; et pour les années suivantes, 40, 30 ou 20 florins, selon le degré de force et d'intelligence de chaque enfant. Quelques hospices paient la gratification de 50 francs allouée aux nourrices, après le terme de la pension; d'autres fournissent aux enfans qui sortent, un trousseau d'émancipation de la valeur de 9 à 22 florins. Nous avons indiqué les premiers, par les lettres *a*, et les seconds, par la lettre *b*. Il faut observer aussi que la durée de l'entretien n'est pas la même dans tous les hospices; elle est généralement de 12 ans; cependant à *Courtrai*, à *Mons* et à *Anvers*, elle est de 18 ans, et va à *Maestricht* jusqu'à 21 ans.

| HOSPICES. | TOTAL par tête. | PRIX MOYEN par année. |
|---|---|---|
| Bruxelles [a,b] | 343fl, 87 | 28fl, 65 |
| Louvain [b] | 457 , 44 | 35 , 18 |
| Maestricht [b] | 245 , 40 | 13 , 63 |
| Liége | 571 , 36 | 43 , 95 |
| Gand [a] | 394 , 46 | 32 , 62 |
| Oudenaerde. [a] | 405 , 20 | 33 , 76 |
| Termonde [a] | 680 , 40 | 56 , 70 |
| Bruges | 490 , 42 | 40 , 86 |
| Ypres [a] | 639 , 33 | 53 , 27 |
| Courtrai | 963 , 25 | 53 , 51 |
| Furnes [b] | 804 , 59 | 53 , 64 |
| Mons | 547 , 29 | 30 , 40 |
| Tournai [b] | 522 , 23 | 34 , 81 |
| Namur | 473 , 93 | 39 , 49 |
| Anvers | 393 , 90 | 21 , 88 |
| Malines | 443 , 88 | 27 , 74 |
| Lierre [b] | 455 , 73 | 32 , 55 |
| Luxembourg | 612 , 36 | 51 , 03 |
| Prix moyen. | 524fl, 66 | 37fl, 98 |

*Prix moyens payés par an.*

| | | | |
|---|---|---|---|
| Moins d'un an . . . . | 47fl, 93 | De 9 à 10 ans . . . . | 36fl, 65 |
| De 1 à 2 ans . . . . | 42 , 69 | De 10 à 11 ans. . . . | 35 , 63 |
| De 2 à 3 ans . . . . | 40 , 08 | De 11 à 12 ans. . . . | 35 , 71 |
| De 3 à 4 ans . . . . | 39 , 84 | De 12 à 13 ans. . . . | 29 , 48 |
| De 4 à 5 ans . . . . | 39 , 96 | De 13 à 14 ans. . . . | 24 , 44 |
| De 5 à 6 ans . . . . | 39 , 92 | De 14 à 15 ans. . . . | 21 , 59 |
| De 6 à 7 ans . . . . | 38 , 79 | De 15 à 16 ans. . . . | 24 , 18 |
| De 7 à 8 ans. . . . . | 37 , 50 | De 16 à 17 ans. . . . | 22 , 16 |
| De 8 à 9 ans . . . . | 37 , 20 | De 17 à 18 ans. . . . | 23 , 91 |

*Dépôts de Mendicité.*

Nous avons considéré jusqu'ici l'homme dans l'état de société, et jouissant de sa liberté et du produit de son travail; nous allons nous occuper maintenant de son sort dans les hospices de mendicité et dans les prisons de l'État. Les documens dont nous nous servirons, sont extraits de deux excellens rapports rédigés par M. le baron *De Keverberg*, conseiller-d'état, qui a bien voulu nous les communiquer. Ces rapports ont servi de base aux travaux qui ont été soumis en 1821 et 1822 à S. M. le Roi des Pays-Bas. Ils sont donc de nature à inspirer de la confiance, et ils ne seront sans doute pas dépourvus d'intérêt pour l'ami de l'humanité, qui s'occupe du sort des malheureux que la société doit prendre sous sa surveillance, ou qu'elle prive de leur liberté.

Il est sans doute du devoir de l'homme aisé de secourir son semblable qui gémit dans l'indigence, surtout si cette indigence est la suite de malheurs non mérités, ou le résultat d'infirmités ou d'un grand âge, qui rendent inhabile au travail. Mais il ne faut pas qu'un acte de bienfaisance, qui doit être l'effet du plus libre arbitre, soit exigé avec importunité ou même avec contrainte. La mendicité comme l'observe M. *De Keverberg*, devient alors un véritable délit, non-seulement parce que des lois positives la rangent dans cette catégorie, mais aussi parce qu'elle trouble réellement le repos des citoyens, et qu'elle compromet la sûreté publique. Malheureusement parmi les mendians de profession, l'on ne trouve que trop souvent des hommes valides, qui, surtout dans les campagnes, vivent du travail des autres et appauvrissent la société en prenant part à la consommation, sans ajouter aux revenus; la part qu'ils obtiennent est quelquefois même d'autant plus injuste, qu'elle n'est que le prix de la terreur qu'ils inspirent. On conçoit alors que les moyens de répression deviennent d'autant plus salutaires, qu'ils arrêtent des malheureux sur le bord du précipice; et, tout en prévenant de grands crimes peut-être, ils les ramènent à l'habitude du travail et les rendent propres à reparaître honorablement dans la société.

Il existe actuellement en Belgique sept dépôts de mendicité, où l'on recueille les mendians de profession, et où l'on reçoit aussi les indigens qui demandent un asile.

Le premier de ces établissemens fut formé à *Bruges* en 1805, par M. *Chauvelain*, alors préfet du département de la Lys, qui l'organisa, à ce qu'il paraît, de son propre chef.

Trois ans après, le gouvernement, par décret impérial du 5 juillet 1808, généralisa le principe de cette mesure. En 1809, des lettres de création furent données pour les dépôts de *Mons*, *Hoogstraeten*, *Reckheim* et *Namur*. En 1810, celui de *La Cambre* près de Bruxelles, fut décrété; et le Roi des Pays-Bas ordonna l'organisation de celui de *Hoorn*, par un arrêté du mois de décembre 1817.

Aujourd'hui, il n'y a plus de province dans le Royaume à laquelle l'un ou l'autre de ces établissemens ne soit ouvert.

Nous commencerons par faire connaître la population des dépôts de mendicité, au 31 décembre 1821, époque à laquelle se rapportent tous les nombres suivans. La distinction des sexes et des âges a été conservée ainsi que celle des dépôts.

| AGE. | SEXE. | La Cambre. | Hoorn. | Hoogstraeten. | Bruges. | Namur. | Mons. | Reckheim. | Totaux. |
|---|---|---|---|---|---|---|---|---|---|
| Au-dessus de 6 ans. | Masculin. | 4 | » | 7 | 9 | » | » | 6 | 26 |
| | Féminin. | 1 | 4 | 5 | 6 | 1 | » | 8 | 25 |
| Total. . . . | | 5 | 4 | 12 | 15 | 1 | » | 14 | 51 |
| De 6 à 12 ans. | Masculin. | 8 | 6 | 9 | 19 | 3 | 1 | 2 | 48 |
| | Féminin. | 10 | 4 | 7 | 7 | 2 | 2 | 7 | 39 |
| Total. . . . | | 18 | 10 | 16 | 26 | 5 | 3 | 9 | 87 |
| De 12 à 18 ans. | Masculin. | 55 | 20 | 13 | 20 | 8 | 1 | 10 | 127 |
| | Féminin. | 26 | 17 | 5 | 10 | 7 | 1 | 9 | 75 |
| Total. . . . | | 81 | 37 | 18 | 30 | 15 | 2 | 19 | 202 |
| De 18 à 25 ans. | Masculin. | 25 | 41 | 17 | 5 | 2 | 1 | 5 | 96 |
| | Féminin. | 15 | 35 | 19 | 19 | 9 | 0 | 5 | 102 |
| Total. . . . | | 40 | 76 | 36 | 24 | 11 | 1 | 10 | 198 |
| De 25 à 50 ans. | Masculin. | 46 | 149 | 47 | 20 | 20 | 14 | 13 | 309 |
| | Féminin. | 80 | 79 | 63 | 44 | 45 | 18 | 25 | 354 |
| Total. . . . | | 126 | 228 | 110 | 64 | 65 | 32 | 38 | 663 |
| De 50 à 65 ans. | Masculin. | 56 | 22 | 54 | 29 | 7 | 18 | 16 | 202 |
| | Féminin. | 56 | 21 | 22 | 8 | 15 | 24 | 10 | 156 |
| Total. . . . | | 112 | 43 | 76 | 37 | 22 | 42 | 26 | 358 |
| Au-dessus de 65 ans. | Masculin. | 76 | 6 | 33 | 7 | 30 | 42 | 5 | 199 |
| | Féminin. | 73 | 4 | 10 | 5 | 40 | 62 | 3 | 197 |
| Total. . . . | | 149 | 10 | 43 | 12 | 70 | 104 | 8 | 396 |
| Nombre total par sexe. | Masculin. | 270 | 244 | 180 | 109 | 70 | 77 | 57 | 1007 |
| | Féminin. | 261 | 164 | 131 | 99 | 119 | 107 | 67 | 948 |
| Total général. . | | 531 | 408 | 311 | 208 | 189 | 184 | 124 | 1955 |
| Popul. moy. de l'année. | | 547 | 408 | 265 | 225 | 187 | 195 | 123 | 2022 |

Ainsi le total général, au 31 décembre 1821, ne différait de la population moyenne de l'année, que du nombre 67.

En partageant la population entière en trois grandes classes, d'après le degré d'aptitude au travail, on trouve 447 individus qui avaient plus de 65 ans ou moins de 6, et qui sont conséquemment inhabiles au travail; 445 individus qui ont de 6 à 12 ans ou de 50 à 65, et qui ne sont guère en état de pourvoir entièrement à leur subsistance; enfin, 1063 individus dans la force de l'âge, et qui pourraient vivre du produit de leur travail. Les derniers, qui composent plus de la moitié de la population, n'auraient dû rien coûter aux communes; et la moitié des autres n'aurait dû coûter que la moitié d'une subsistance réglée d'après les besoins de leur âge.

On aura pu remarquer aussi, par le tableau précédent, que le nombre des femmes, dans les dépôts de mendicité, était à peu près égal à celui des hommes; et que les enfans ne formaient qu'une faible partie de la population, puisque leur nombre n'en était que les 0,026.

A ce premier aperçu, nous allons faire succéder le relevé de l'état de la population dans les dépôts de mendicité, depuis la création de ces établissemens. Nous indiquerons aussi les décès annuels et le rapport de la population moyenne aux décès. Les trois dernières colonnes serviront à indiquer les journées d'entretien dans les divers établissemens, en même temps que les journées de maladie et les rapports de ces nombres.

| ANNÉES. | POPULATION moyenne. | DÉCÈS. | RAPPORT de la population aux décès. | JOURNÉES d'entretien. | JOURNÉES de maladie. | RAPPORT des journées d'entretien à celles de maladie. |
|---|---|---|---|---|---|---|
| 1811 | 514 | 58 | 8,862 | 187610 | 11724 | 16,00 |
| 1812 | 717 | 97 | 7,392 | 262422 | 18801 | 13,96 |
| 1813 | 777 | 93 | 8,355 | 283605 | 22418 | 12,66 |
| 1814 | 518 | 68 | 7,618 | 188350 | 11308 | 16,65 |
| 1815 | 940 | 114 | 8,246 | 343100 | 23931 | 14,34 |
| 1816 | 1066 | 115 | 10,152 | 390056 | 23507 | 16,59 |
| 1817 | 1805 | 329 | 5,486 | 658835 | 26910 | 11,58 |
| 1818 | 2588 | 381 | 6,793 | 954620 | 97635 | 9,78 |
| 1819 | 2546 | 274 | 9,292 | 929290 | 82775 | 11,09 |
| 1820 | 2376 | 195 | 12,182 | 869816 | 43595 | 19,95 |
| 1821 | 2022 | 136 | 14,867 | 739310 | 36706 | 20,14 |
| 1822 | 1843 | 127 | 14,512 | 673295 | 35096 | 19,19 |
| TOTAL . | 17712 | 1987 | 8,914 | 6480309 | 464406 | 13,95 |

Nous allons maintenant donner ces mêmes valeurs par rapport aux dépôts, et pour les différentes années depuis leur existence.

| DÉPOTS. | POPULATION. | DÉCÈS. | RAPPORT. | JOURS d'entretien. | JOURS de maladie. | RAPPORT. |
|---|---|---|---|---|---|---|
| MONS . . . | 3681 | 551 | 6,681 | 1344490 | 21595 | 62,26 |
| Hoogstraeten . | 3389 | 423 | 8,012 | 1237620 | 150881 | 22,29 |
| Namur . . . | 2118 | 241 | 8,788 | 773508 | 77223 | 8,20 |
| La Cambre . | 4342 | 320 | 13,568 | 1586497 | 147199 | 10,78 |
| Bruges . . . | 1165 | 52 | 22,404 | 436028 | . . . . | . . . |
| Hoorn . . . | 2677 | 391 | 6,847 | 977984 | 59302 (*) | 16,49 |
| Reckheim . . | 340 | 9 | 37,778 | 124182 | 8206 | 15,14 |
| TOTAL . . . | 17712 | 1987 | 8,914 | 6480309 | 464406 | 13,95 |

(*) Ces nombres ne sont pas très-exacts, parce que les données pour *Bruges* et *Hoorn* étaient défectueuses pour ce qui concernait les jours de maladie.

Ce qui mérite de fixer notre attention, dans ces différens résultats, c'est la petitesse effrayante du rapport de la population des dépôts de mendicité aux décès. La valeur moyenne de ce rapport, en 12 ans de temps, n'a jamais dépassé 14,867, et la moyenne de tous les résultats, ne s'élève qu'à 8,914 ; tandis que le rapport, pour toute la Belgique, s'élève à environ 43,8. A nombres égaux, il est donc mort, dans les dépôts de mendicité, quatre fois et demie autant d'individus que dans le reste du Royaume. Ce résultat est bien propre à confirmer l'observation de M. *Villermé*, relativement à la grande influence qu'exerce sur la mortalité le degré plus ou moins grand de l'aisance. Il faut observer encore que les individus qui entrent dans les dépôts de mendicité, y arrivent le plus souvent avec des maladies déjà contractées d'avance, et que c'est par suite de ces maladies qu'ils ont été mis hors d'état de pourvoir à leurs besoins. La mortalité est néanmoins loin d'être la même dans tous les dépôts; elle a été beaucoup moindre à *Reckheim* et à *Bruges* que partout ailleurs; mais le nombre d'observations pour ces deux places est trop petit pour qu'on puisse y avoir confiance. Il n'en est pas de même de l'établissement de *La Cambre* près de Bruxelles; les observations y portent sur un plus grand nombre d'individus, et l'on y trouve que le rapport de la population aux décès, y a une valeur moyenne de 13,568. Ce rapport, à *Hoorn* et à *Mons*, ne s'élève pas au delà de 6,85. Il est à remarquer cependant, que d'année en année, le rapport est devenu plus grand; ce qui semble annoncer des améliorations dans le régime intérieur de ces établissemens. Nous devons en dire autant du rapport du nombre des jours d'entretien à celui des jours de maladie; dans les derniers temps, il était bien au-dessus de la valeur moyenne prise sur toutes les années qui avaient précédé. Cette valeur moyenne était de 13,95, c'est-à-dire, que sur environ 14 jours d'entretien, il fallait en compter un de maladie. Il est assez remarquable qu'à *Mons*, où la mortalité est si forte, le rapport des jours d'entretien aux jours de maladie soit si grand. Ceci tient sans doute à des causes de mortalité particulières, qui font succomber le malade plus rapidement qu'ailleurs; ces causes paraissent de plus devoir être locales, puisque le rapport de la population aux décès, pour la province entière, est de 51,1.

On compte que les détenus ne font guère dans les dépôts de mendicité qu'un séjour de sept à huit mois; et si l'on a même égard au grand nombre de vieillards qui sont dans ces établissemens, et qui n'en sortent guère lorsqu'ils y sont une fois entrés, on est autorisé à penser que le séjour moyen des hommes valides, est tout au plus de six mois. En 1821, les termes moyens du séjour ont été

| | | | | |
|---|---|---|---|---|
| à Mons de. . . . . | 301 | à | 302 | jours. |
| à Namur de . . . . | 281 | à | 282 | — |
| à Reckheim de . . . | 275 | à | 276 | — |
| à La Cambre de. . . | 247 | à | 248 | — |
| à Hoogstraeten de . . | 225 | à | 226 | — |
| à Bruges de . . . . | 221 | à | 222 | — |
| à Hoorn de . . . . | 210 | à | 211 | — |

M. *De Keverberg* observe avec raison qu'un si court espace de temps ne suffit pas pour contracter le goût du travail, l'aptitude nécessaire pour le rendre productif, ni en général, des habitudes honnêtes; et il ajoute : « Ce qui distingue essentiellement le mendiant du bon citoyen, c'est qu'il méconnaît la première des lois sociales, celle qui l'appelle à employer ses forces dans l'intérêt de sa subsistance. Il faut que dans ces établissemens qui ont pour objet de le guérir de cette maladie morale, il apprenne à vivre à ses propres dépens. Ainsi il faut le forcer à gagner, jour par jour, sa nourriture, qui, parmi les articles dont son entretien se compose, est celui auquel il tient ordinairement le plus. A la vérité, toute espèce d'aliment ne peut lui être refusée, lors même que, par la plus coupable opiniâtreté, il persiste dans sa paresse. Dans la position où il se trouve, sa vie est un dépôt sacré dans les mains de la société. L'humanité s'oppose à ce qu'elle soit compromise. »

*Prisons du Royaume.*

Si nous passons maintenant à ce qui concerne les détenus dans les prisons de l'État, nous trouvons qu'au 1er mars 1821, époque à laquelle se rapporte tout ce qui va suivre, il existait en Belgique 117 établissemens destinés, soit à la garde des prévenus, soit à la punition des condamnés. Ces établissemens pouvaient être classés de la manière suivante :

| | | | |
|---|---|---|---|
| 96 Prisons civiles. | 54 | Maisons | d'arrêt. |
| | 9 | — | de justice. |
| | 3 | — | de correction. |
| | 26 | — | de force. |
| | 4 | — | de dépôt servant quelquefois de maison de punition. |
| 21 Prisons militaires. | 17 | Maisons de prévôtales. | |
| | 4 | — | de détention militaire. |

Dans ce nombre n'étaient point compris les établissemens servant de dépôts provisoires ou de logemens pour des prisonniers que l'on transférait. Quarante de ces prisons étaient des propriétés communales ou particulières, dont les unes étaient occupées de fait et sans aucune indemnité, et dont les autres coûtaient au gouvernement des sommes plus ou moins fortes de loyer. Le grand nombre des prisons entièrement disproportionné avec celui des détenus, et d'ailleurs le mauvais état de la plupart d'entre elles, appelait une réforme qui fut signalée par la commission chargée de vérifier l'état des prisons.

Le nombre des détenus dans toute l'étendue du Royaume s'élevait en 1821, à 10557 âmes. En comparant ce nombre à celui des années précédentes, on trouve une diminution sensible dans la population des prisons civiles. Voici les résultats obtenus à trois époques différentes :

| Années. | | 1817 | 1819 | 1821 |
|---|---|---|---|---|
| Prisonniers | Civils | 9791 | 8939 | 8618 |
| | Militaires | 1938 | 2414 | 1939 |
| Totaux | | 11,729 | 11,353 | 10,557 |

En 1821, on comptait, parmi les prisonniers civils, 6337 hommes, 2030 femmes et 251 enfans des deux sexes; en tout 8618. Le nombre était donc plus que triple de celui des femmes, et égalait environ 25 fois celui des enfans. A la même époque, on estimait la population de tout le Royaume à près de 5,700,000 âmes: et il se trouvait conséquemment que les détenus civils et militaires formaient les 0,00185 de la population de la Belgique, ou bien encore que l'on comptait un détenu par 540 âmes. Nous avons aussi vu précédemment que le nombre d'individus renfermés dans les dépôts de mendicité, s'élevait à 2022, et formait conséquemment, les 0,000355 de la population. L'on doit donc compter que dans notre Royaume les 0,0022 de la population, se trouvent renfermés dans les dépôts de mendicité et dans les prisons.

Parmi les condamnés civils, il se trouvait 1539 récidives, dont 212 avaient été graciés précédemment; et, parmi les condamnés militaires, on en comptait 793, dont 11 seulement avaient été graciés par le Roi. Il se trouvait donc en tout 2332 récidives et 223 graciés, parmi 9182 condamnés; c'est-à-dire que sur 4 de ces derniers, il s'en trouvait au moins un dans le cas de récidive; et que sur 41, il s'en trouvait au moins un qui avait été gracié précédemment.

Voici un état plus circonstancié de la population des prisons, au premier mars 1821.

| | | PRISONNIERS CIVILS. | MILITAIRES. | TOTAUX. |
|---|---|---|---|---|
| NON JUGÉS. | Prévenus . . . . . | 642 | 142 | 784 |
| | Accusés . . . . . . | 393 | 189 | 582 |
| | TOTAL . . . . | 1035 | 331 | 1366 |
| CONDAMNÉS. | Correctionnellement. . | 3393 | 174 | 3567 |
| | CRIM. A la réclusion . | 2763 | 165 | 2928 |
| | CRIM. Aux trav. forc. . | 1389 | 1260 | 2649 |
| | TOTAL . . . | 4152 | 1425 | 5577 |
| | TOTAL des condamnés . | 7345 | 1599 | 9144 |
| TOTAL GÉNÉRAL des détenus . . | | 8580 | 1930 | 10510 |

Ce nombre ne s'accorde pas tout-à-fait avec celui (10557) que nous avons donné plus haut. Cela provient de ce qu'il s'est trouvé, par un abus assez grave, parmi les détenus, un certain nombre d'insensés que l'on avait placés provisoirement dans les prisons civiles.

En comparant le nombre des individus non jugés à celui des individus condamnés, on trouve à peu près le rapport 10 à 67. Ainsi, les prisonniers non jugés forment un peu moins du septième de la population des prisons. La valeur de ce rapport pourrait donner une idée assez juste de la promptitude avec laquelle la justice est administrée dans un Royaume.

Il peut encore être intéressant de connaître quels sont les crimes ou délits qui se sont reproduits le plus fréquemment. De pareils résultats méritent de fixer l'attention de l'homme dont les méditations se tournent vers les moyens de faire disparaître les fléaux qui nuisent le plus à la société. On peut y trouver aussi un indice de la sévérité avec laquelle tel ou tel crime ou délit se trouve puni dans un État. Voici les documens que nous fournissent à cet égard les relevés obtenus en Belgique :

| DÉLITS OU CRIMES. | DÉTENUS. | | DURÉE DE LA PEINE. | | |
|---|---|---|---|---|---|
| | CIVILS. | MILIT. | moins d'un an. | de 1 à 5 ans. | plus de 5 ans. |
| Vol | 5304 | 386 | 484 | 2493 | 2713 |
| Désertion | 226 | 999 | 25 | 1045 | 155 |
| Sévices | 498 | 20 | 251 | 173 | 94 |
| Mendicité et vagabondage | 279 | 1 | 191 | 86 | 3 |
| Rixes et voies de fait | 170 | 23 | 83 | 85 | 25 |
| Escroquerie et filouterie | 166 | 4 | 19 | 114 | 37 |
| Recèlement d'effets volés | 157 | » | 20 | 32 | 105 |
| Homicide | 132 | 7 | 2 | 21 | 116 |
| Insubordination | 27 | 100 | 5 | 78 | 44 |
| Viol et outrage à la pudeur | 97 | 13 | 17 | 35 | 58 |
| Faux | 99 | 4 | » | 43 | 60 |
| Abus de confiance | 39 | 8 | 14 | 32 | 1 |
| Débauche | 38 | » | 6 | 32 | » |
| Incendie et lettres incendiaires | 37 | » | » | 11 | 26 |
| Faux témoignage | 31 | 2 | 2 | 16 | 15 |
| Contrav. à des règlem. d'ordre | 29 | » | 17 | 9 | 4 |
| Menaces | 19 | » | » | 5 | 3 |
| Rébellion contre la force publ. | 11 | 7 | 10 | 7 | 1 |
| Embauchage | 12 | 5 | 2 | 11 | 4 |
| Délits forestiers | 16 | » | 13 | 3 | » |
| Achats et ventes d'effets milit. | 1 | 10 | 6 | 5 | » |

| DÉLITS OU CRIMES. | DÉTENUS. | | DURÉE DE LA PEINE. | | |
|---|---|---|---|---|---|
| | CIVILS. | MILIT. | moins d'un an. | de 1 à 5 ans. | plus de 5 ans. |
| Calomnie . . . . . . . . | 10 | » | 2 | 4 | 4 |
| Destruction de propriété. . . | 13 | » | 6 | 5 | 2 |
| Enlèvement . . . . . . . | 11 | » | 1 | 8 | 2 |
| Fausse-monnaie . . . . . | 10 | 1 | » | 2 | 9 |
| Infanticide . . . . . . . | 13 | » | » | 3 | 10 |
| Insolvabilité (pour amendes). | 10 | » | 6 | 6 | » |
| Concussion. . . . . . . . | 2 | 6 | » | 3 | 5 |
| Adultère et bigamie . . . . | 3 | » | 1 | 2 | » |
| Injures et outrages . . . . | 5 | » | 5 | » | » |
| Menées séditieuses . . . . | 7 | » | 1 | 4 | 2 |
| Mise en surveillance violée. . | 7 | » | 7 | » | » |
| Empoisonnement. . . . . . | 1 | » | » | » | 1 |
| Délit non-suffisamment spéc. | 58 | » | 25 | 29 | 4 |

Dans le tableau précédent ne sont pas mentionnés les individus punis pour corruption, délits ruraux, exposition d'enfans, trouble à l'ordre public, etc., parce que pour chacune de ces catégories, le nombre ne dépassait pas 1 ou 2.

Il est remarquable que, proportion gardée, les crimes contre les individus sont en bien moins grande quantité chez nous que chez nos voisins.

En faisant le relevé général, pour connaître les durées des détentions, l'on trouve 1226 détenus pour moins d'un an; 2306 pour 1 à 3 ans; 2114 pour 3 à 5; 2381 pour 5 à 10, et 131 pour plus de dix ans. Si l'on considère la durée de chaque détention, en ayant égard à la correction à faire pour les différentes années, en prenant, par exemple, 18 mois pour le terme moyen de la réclusion de chacun des 1116 individus condamnés de 1 à 2 ans, on trouve 47226,63 ans, pour la somme des années de réclusion auxquelles sont condamnés les 9144 individus qui se trouvaient dans les prisons de l'État. On déduit de là, que la durée moyenne des détentions dans les prisons de la Belgique, était en 1821, de 5,165 ans. Il se trouvait dans le nombre des 9144 prisonniers, 176 individus condamnés à perpétuité; nous avons alors estimé la durée de la peine, d'après la durée de la vie probable de l'homme âgé de 35 ans.

Nous regrettons de ne pouvoir donner ici les élémens concernant la mortalité dans les prisons, comme nous l'avons fait pour les dépôts de mendicité. Nous nous bornerons à donner ce qui concerne les revenus et l'entretien de ces établissemens.

### *Dépôts de Mendicité.*

Les revenus des dépôts de mendicité comprennent trois parties différentes, savoir : le produit du travail des réclus; le montant des pensions qui est annuellement réglé par le Ministre de l'intérieur, sur la proposition des conseils-généraux d'inspection et de surveillance des dépôts, et sur les avis des États Députés des provinces, et enfin de différentes rentrées provenant de biens fonciers. Voici un tableau qui présente la valeur moyenne, par jour, pour chacun de ces revenus et pour chacun des dépôts.

| | LA CAMBRE. | MONS. | HOOGSTRAETEN. | NAMUR. | BRUGES. | HOORN. | RECKHEIM. | MOYENNE. |
|---|---|---|---|---|---|---|---|---|
| Produit du travail. . . | 6c,592 | 2c,018 | 9c,980 | 3c,387 | 13c,934 | 11c,300 | 5c,174 | 7c,488 |
| Montant des pensions . | 22 ,000 | 22 ,000 | 26 ,000 | 23 ,000 | 18 ,000 | 25 ,000 | 26 ,000 | 23 ,160 |
| Revenus divers . . . | 0 ,101 | 0 ,305 | 1 ,794 | 0 ,228 | 0, 000 | 0 ,217 | 13 ,898 | 2 ,363 |
| TOTAUX. . . . | 28c,693 | 24c,323 | 37c,774 | 26c,615 | 31c,934 | 36c,517 | 45c,072 | 33 ,011 |

*Dépenses des dépôts.*

Nous ferons succéder à ce tableau celui qui comprend les dépenses estimées également par journée et pour l'exercice de 1821.

| | LA CAMBRE. | MONS. | HOOGSTRAETEN. | NAMUR. | BRUGES. | HOORN. | RECKHEIM. | MOYENNE. |
|---|---|---|---|---|---|---|---|---|
| Entretien des bâtimens. | 0c,264 | 0c,465 | 2c,428 | 0c,620 | 0c,408 | 0c,735 | 0c,710 | 0c,804 |
| Frais des ateliers . . . | 5 ,444 | 0 ,775 | 3 ,635 | 1 ,577 | 5 ,437 | 4 ,489 | 4 ,069 | 3 ,632 |
| Nourriture . . . . . | 9 ,536 | 12 ,182 | 12 ,762 | 13 ,420 | 9 ,378 | 20 ,000 | 18 ,614 | 13 ,699 |
| Vêtemens . . . . . | 2 ,913 | 2 ,532 | 1 ,855 | 2 ,776 | 2 ,639 | 1 ,603 | 3 ,202 | 2 ,503 |
| Casernement . . . . | 0 ,700 | 0 ,368 | 0 ,120 | 0 ,728 | 0 ,719 | 0 ,164 | 0 ,296 | 0 ,442 |
| Mobilier. . . . . . | 0 ,170 | 0 ,000 | 0 ,126 | 0 ,213 | 0 ,331 | 0 ,150 | 0 ,930 | 0 ,274 |
| Chauffage . . . . . | 0 ,500 | 1 ,031 | 1 ,027 | 0 ,796 | 0 ,886 | 0 ,230 | 0 ,000 | 0 ,679 |
| Éclairage . . . . . | 0 ,157 | 0 ,294 | 0 ,212 | 0 ,384 | 0 ,325 | 0 ,000 (*) | 0 ,000 (**) | 0 ,196 |
| Infirmerie . . . . . | 1 ,375 | 0 ,484 | 0 ,730 | 2 ,038 | 2 ,915 | 2 ,839 | 1 ,464 | 1 ,692 |
| Culte et instruction . . | 0 ,410 | 0 ,265 | 0 ,258 | 0 ,491 | 0 ,242 | 0 ,423 | 1 ,001 | 0 ,442 |
| Administration . . . | 3 ,398 | 7 ,675 | 3 ,556 | 2 ,588 | 3 ,660 | 2 ,506 | 4 ,694 | 4 ,011 |
| Dépenses diverses. . . | 0 ,000 | 0 ,000 | 0 ,621 | 2 ,131 | 0 ,000 | 0 ,653 | 13 ,372(***) | 2 ,397 |
| TOTAUX. . . . | 24c,867 | 26c ,071 | 27c ,330 | 27c ,762 | 26c,940 | 33c,792 | 48c.352 | 30c,771 |

(*) Dépense extraordinaire pour une nouvelle grange construite en 1821.

(**) Cette dépense et celle de l'éclairage sont comprises dans le prix de la nourriture.

(***) Un emprunt de 6000 francs fait à la ville de Maestricht.

On voit que le produit du travail est loin de couvrir les dépenses du détenu dans les dépôts de mendicité. Il est vrai que dans le nombre des détenus se trouvent des vieillards, des enfans et des infirmes, hors d'état de travailler, et qui prennent cependant part à la consommation. Il se trouve d'ailleurs des individus valides qui ne connaissent aucun métier; et les journées de l'ouvrier y sont moins longues puisqu'on n'y fait pas emploi de lumières pour le travail. Deux dépôts seulement sont administrés par la voie de l'*entreprise* ; ce sont ceux justement où les prix d'entretien se sont élevés le plus haut.

*Prix de l'Entretien dans les Prisons.*

C'est par la voie de l'entreprise aussi qu'il est généralement pourvu à l'entretien des détenus dans les prisons. La maison de détention de *Gand* et la maison de force de *Leuwarden* font exception à cette règle. En 1817, le prix de l'entreprise variait dans les différentes localités depuis environ 25 à plus de 62 cents par journée de détention, et le prix moyen s'élevait à 29,75. Cependant le prix de l'entretien des prisonniers, en y comprenant les fournitures qui furent faites, s'éleva en effet à près de 30,90. En 1821, toutes les entreprises ont été renouvelées et le prix des journées variait de 18 jusqu'à près de 40 cents, le prix moyen était de 27$^{c}$,072 pour la totalité des prisons. A la même époque, le prix de la journée du détenu à *Gand*, était de 15$^{c}$,655, et à *Leuwarden*, où l'on suit également le système de la régie, le prix était de

23c,675. Cette différence doit suffire pour montrer l'avantage du système de la régie, sur le système de l'entreprise. On a compté qu'en 1818, la journée des vieillards, dans les hospices de *Bruxelles*, ne s'élevait qu'à 31c,471 malgré les soins et les frais divers que nécessite leur âge. Pendant la même année, le prix de la journée était, au dépôt de mendicité de *Mons*, de 24c,266; et, en 1815, il était au dépôt de mendicité de *Hoogstraeten*, de 20c.

L'évaluation de la dépense, en 1821, calculée sur la population du 1er mars de cette année, était la suivante :

| | | CIVILS. | MILITAIRES. |
|---|---|---|---|
| ENTRETIEN DES DÉTENUS. | Prix moyens par jour. | 24c,330 | 31c,287 |
| | » par an. | 88fl,804 | 114fl,198 |
| Valeur de l'entretien. | | 765332fl,32 | 221429fl,04 |
| Traitement des méd., chirur., aumô. et autres frais. | | 35777 ,64 | » |
| Frais de garde et de surveillance | | 111034 ,06 | 14252 ,00 |
| Frais de locations et de réparations | | 63258 ,44 | » |
| TOTAL GÉNÉRAL. | | 975402fl,46 | 235681fl,04 |

Avant l'époque à laquelle fut composé le rapport dont nous extrayons ces documens, les détenus étaient dans un état d'oisiveté dans la plupart des prisons. L'exercice de 1819, se compose d'environ 4,000,000 journées de détention, et le nombre des journées de travail y reste en dessous de 900,000. La commission n'a pu recueillir que des résultats peu satisfaisans sur le prix de la journée de travail du prisonnier. Il paraît que ce prix moyen est d'environ 12 cents dans la maison centrale de *Gand*, et qu'il pourrait généralement s'élever plus haut.

### *Établissemens de Bienfaisance.*

Indépendamment des dépôts de mendicité dont nous avons parlé plus haut avec assez de détails, il existe en Belgique plusieurs autres établissemens de bienfaisance, tels que des hospices, des institutions pour les secours à domicile, des écoles gratuites, des ateliers de charité, deux sociétés de bienfaisance qui ont établi plusieurs colonies, et qui suppléent aux dépôts de mendicité, etc. D'après un rapport fait aux États-Généraux, la population des hospices, en 1822, se divisait de la manière suivante : 7988 malades, 9463 vieillards, 4345 infirmes, 8893 enfans; en tout 30,689 individus. On comptait, à la même époque, 10,720 enfans trouvés et 2500 enfans abandonnés; les frais d'entretien se composent principalement des pensions que l'on paie aux artisans ou aux habitans des campagnes, chez lesquels les enfans sont placés. Parmi les individus secourus à domicile, 332,623 pourvoyaient à leurs besoins pour plus de moitié, 178,338 pour moins de moitié, et 125,030 étaient hors d'état d'y pourvoir.

Le tableau suivant, plus circonstancié, présente tous les détails qu'on peut désirer relativement à ces institutions.

| | ÉTABLISSEMENS. | DÉPENSES. | INDIVIDUS. | DÉPENSES par individu. |
|---|---|---|---|---|
| Hospices . . . . . . . | 710 | 3,805,422 | 30,689 | 124fl,00 |
| Enfans trouvés. . . . . | 19 | 760,233 | 13,220 | 57 ,50 |
| Secours à domicile . . . | 5336 | 5,095,962 | 635,991 | 8 ,01 |
| Écoles pour les pauvres . . | 316 | 238,804 | 52,622 (*) | 4 ,54 |
| Ateliers de charité . . . | 39 | 392,285 | 6,083 | 64 ,49 |
| Dépôts de mendicité. . . | 8 | 223,227 | 2,285 | 97 ,69 |
| | fl. | 10,515,933 | 688,268 | 15fl 40c |

A l'époque à laquelle se rapporte ce tableau, la population du Royaume se composait de 5,721,714 âmes; ainsi environ les 0,12 de cette population vivaient aux dépens du reste, dont il faut retrancher encore près de 10,000 individus enfermés dans les prisons.

Nous avons fait observer précédemment que l'accroissement rapide de la population qui a lieu en Belgique, semble annoncer que le peuple y jouit généralement d'une aisance qui est en rapport avec ses besoins; cependant, les résultats précédens paraissent contraires à cette conclusion. Nous ne chercherons pas à savoir d'où peuvent provenir les causes qui plongent un assez grand nombre de familles dans l'indigence; nous ne chercherons pas non plus à savoir si les secours ne sont pas répandus avec une libéralité respectable même dans ses excès; nous remarquerons seulement qu'un pays est riche quand l'artisan peut gagner par son travail, au delà de ce qui est nécessaire à ses be-

(*) Ces nombres ne sont pas compris dans le total, pour ne pas les compter deux fois.

soins; or, chez nous, l'artisan peut gagner le triple de ce qui est nécessaire à son entretien. D'après un état communiqué par le Ministre de l'industrie nationale, le prix moyen de la main d'œuvre, tel qu'il était en 1816, s'élevait dans la province de Liége à 100 cents; dans la nord-Hollande à 90; dans la Frise à 80; dans le sud-Brabant, la Flandre orientale et le Hainaut, à 75; dans la province d'Anvers à 70; dans la Gueldre à 65; dans le nord-Brabant et l'Overyssel à 60. Le prix moyen, dans ces dix provinces était donc de 75 cents, et ce prix n'a fait qu'augmenter depuis. Nous avons vu d'une autre part que, dans les dépôts de mendicité, en y comprenant des frais étrangers, tels que ceux d'administration, de culte, etc., le prix moyen d'entretien, était de 30$^{c}$914, et dans les prisons de 27$^{c}$,072. Cependant ces prix, qui se trouvent surchargés de 5 à 6 cents de frais accessoires, ont paru beaucoup trop élevés, et l'on observait que dans les hospices de *Bruxelles*, où tant de menues dépenses deviennent nécessaires, la journée du vieillard ne s'élevait qu'à 31$^{c}$,471. M. le baron *De Keverberg*, dans un Mémoire *sur les besoins et les ressources de l'homme vivant du travail de ses mains*, estime, d'après de nombreux documens, que les besoins de l'homme peuvent être évalués à 17 cents par jour (1), en établissant les cho-

(1) Dans plusieurs établissemens des provinces méridionales, le prix est même inférieur; par exemple, dans la maison de détention de *Gand*, qui est à la vérité sous le régime de la régie, le prix ne s'élève qu'à 15$^{c}$,655 millièmes.

ses au prix du commerce et à environ 15$^{c}$,80, en laissant hors de compte le bénéfice du fabricant ou du fournisseur. Si l'on ajoute le prix du loyer de l'homme libre, le père de famille devra compter environ 20$^{c}$ par jour, ou 73 florins par an, ce qui forme le *maximum* auquel tous ses besoins réunis peuvent s'élever.

Pour compléter autant que possible l'esquisse que nous venons de présenter, nous ajouterons ici quelques aperçus sur l'état de l'instruction dans ce pays; les nombres dont nous ferons usage sont extraits d'un rapport sur les écoles du Royaume (1), adressé aux États-Généraux par le Ministère de l'instruction. Il résulte de ce rapport que le nombre des élèves envoyés aux écoles primaires, dans toute l'étendue du Royaume, s'élevait, pendant l'année 1825, à 557,211, pour une population de 6,157,286 âmes : ce qui forme un onzième de cette population; encore ne comprend-on pas dans ce nombre, les enfans qui vont aux petites écoles, et aux écoles de travail, dont le total s'élève alors à 76,648. En tenant compte de ce dernier nombre, on trouve que plus du dixième de la population, ou bien 103 sur 1,000 individus fréquentaient les écoles primaires. Or, M. *Dupin* a trouvé par ses calculs que, sur 1,000 habitans, le nord de la France envoie 57 enfans à l'école, et que le midi n'en envoie que 21. Ainsi l'instruction primaire est deux fois aussi étendue dans notre Royaume,

(1) A Bruxelles, chez Weissenbruch, imp. du Roi, in-8°, 1827.

que dans le nord de la France, et cinq fois plus que dans le midi.

Si l'on établit le rapport du nombre d'élèves des provinces septentrionales à la population totale de ces provinces, on trouve que, sur 1,000 de population, elles offrent 109,21 élèves. Les provinces méridionales ne donnent sur 1,000 de population que 79,44 élèves. On voit qu'il y a gradation dans les nombres, en allant du midi de la France au nord des Pays-Bas.

Les élèves étaient répartis dans des écoles *communales* et dans des écoles *particulières*, de la manière suivante :

| | Prov. Sept. | Prov. Mérid. |
|---|---|---|
| Dans les écol. comm. . . . . . . | 53383 | 119858 |
| Dans les écoles part. . . . . . . | 196248 | 187722 |
| | 249631 | 307580 |

Voici quel était, à la même époque, le rapport des écoles communales aux communes :

| | Prov. Sept. | Prov. Mérid. |
|---|---|---|
| Écoles comm. . . . . . . . . . . | 1835 | 2054 |
| Communes. . . . . . . . . . . . | 1073 | 2646 |
| Rapports. . . . . . | 1,71 | 0,77 |

Ainsi le nombre des écoles communales, pour le nord, est plus que double de ce même nombre pour le midi du Royaume, le terme moyen de la population d'une école communale est dans les provinces septentrionales de 107 élèves, et dans les provinces méridionales de 91.

Il est remarquable que, quand on observe l'état de l'instruction dans les villes ou communes, de population différente, on trouve que l'instruction est embrassée avec plus de généralité là où la population est moyenne. Ainsi dans les villes ou communes d'une population supérieure à 6,000 âmes, on compte 91,28 élèves par 1,000 individus; pour une population comprise entre 6,000 et 1,200 âmes, on trouve le rapport 101,73 à 1,000; et enfin pour une population inférieure à 1,200 âmes, le rapport est 99,29 à 1,000.

Dans les provinces septentrionales, on compte 5,50 individus seulement sur 1,000, entièrement dénués de moyens d'instruction; et dans les provinces méridionales, on en compte jusqu'à 59. Il y a donc, d'une part, dix fois plus de facilité pour s'instruire que de l'autre.

L'instruction est généralement plus suivie en hiver qu'en été, surtout dans les provinces méridionales. Voici ce qu'on observe à cet égard :

| | Prov. Sept. | Prov. Mérid. |
|---|---|---|
| Élèves en hiver . . . . . . . . . . . | 177365 | 215524 |
| — en été . . . . . . . . . . . | 135883 | 84354 |
| Différence . . . . . . | 41482 | 131170 |

Cette différence doit influer sur les résultats de l'instruction générale. On trouve encore que, dans le nord, le nombre des élèves qui fréquentent les écoles des pauvres, est de 24,35 sur 1,000 âmes, et dans le midi, de 26,23.

Si l'on considère maintenant le nombre des élèves envoyés aux *petites écoles* et aux *écoles de travail*, on trouve qu'il était 30,886 pour le nord, et 45,762, pour le sud du Royaume; ces nombres offrent à peu près le même rapport que celui qui existe entre les deux populations. Si l'on ne considère que les élèves qui fréquentent les écoles de travail, on trouve que la Flandre occidentale en fournit à elle seule deux fois autant que le reste du Royaume.

En classant les provinces, d'après leur rapport le plus favorable entre la population et le nombre des élèves, y compris ceux qui fréquentent les petites écoles et les écoles de travail, elles se présentent dans l'ordre suivant : Overyssel, Drenthe, Groningue, Frise, Luxembourg, Nord-Hollande, Gueldre, Nord-Brabant, Namur, Sud-Hollande, Utrecht, Hainaut, Zélande, Anvers, Sud-Brabant, Flandre Occidentale, Flandre Orientale, Limbourg et Liége. Le terme moyen 103 sur 1,000, tombe entre la Zélande et Anvers, et les limites extrêmes sont 164,62 et 69,12 sur 1,000. On remarquera sans doute que ce sont presque toutes nos provinces manufacturières qui tombent en dessous de la limite; ce qui ne s'accorde guère avec les observations de M. *Dupin*, du moins sous certains rapports. Ce qui pourra paraître extraordinaire, c'est de voir la Flandre Orientale, qui renferme la ville qu'on a surnommée un peu pompeusement l'*Athène moderne*, se placer tout à côté de la limite inférieure; on doit en conclure, ou que ce titre est usurpé, ce que j'entreprendrais de réfuter si je ne craignais de paraître citoyen trop intéressé (1), ou que peu de moyens d'instruction y produisent de grands résultats (ce que je ne puis admettre, parce que je crois peu à ces sortes de priviléges); ou enfin parce qu'il y a erreur dans les nombres. Cette dernière hypothèse me paraît la plus vraisemblable. On sait en effet quel esprit domine généralement dans cette province, et combien le Gouvernement a eu de peine à y établir un système d'instruction qui fût en harmonie avec nos besoins et avec les progrès des lumières. Délà, se sont formées un grand nombre d'instructions à l'insçu des autorités, d'autres ont été formées à l'étranger; quelques parens même sont assez aveugles pour refuser de confier leurs enfans à des instituteurs contre lesquels on les prévient. Cette observation devient surtout sensible quand on considère l'instruction dans les colléges ou écoles latines : on sait en effet combien la Flandre Orientale fournit, pour sa part, d'élèves à *St.-Acheul*. Il ne faut

---

(1) Je remarquerai que la plupart des noms les plus honorables de notre pays, appartiennent aux deux Flandres. Ainsi, sans compter les professeurs ordinaires et extraordinaires de l'Université de Gand, qui forment à peu près la moitié du personnel de cet établissement, je pourrais citer dans les différentes branches MM. *De Nieuport*, *Van Praet*, *Rapsaet*, *Lesbroussart*, *Van Hulthem*, *De Bast*, *Odevaere*, *Ducq*, *Paelinck*, *Hanselaere*, *Kinson*, *Verboeckhoven*, *Braemt*, *Suys*, *Roelands*, *Depotter*, *Calloigne*, *Mengal*, *De Volder*, *Peelaert*, *Meulemeester*, *Reyphins*, *Pycke*, *Beyts*, *Van Crombrugghe*, etc., je n'ai point cité M. *Cornelissen*, qui appartient cependant plutôt à Gand qu'à Anvers, par les nombreux services qu'il a rendus à la première de ces deux villes, et M. *Dandelin*, qui, élevé parmi nous dès sa plus tendre enfance, me saurait très-mauvais gré de l'avoir rayé du nombre des flamands.

donc conclure qu'avec circonspection des résultats qu'a pu obtenir le Gouvernement.

Une autre remarque qui mérite également d'être faite, c'est que le nombre des colléges est généralement plus grand dans les provinces méridionales que dans les provinces septentrionales ; on en compte d'une part 5,498 et 1,550 de l'autre. Dans les universités septentrionales, on compte 305 élèves en droit, et 502, dans les universités méridionales; ainsi l'on compte un élève en droit par 7,494 individus, d'une part; et un par 7,712 de l'autre part. Pour les élèves en médecine, les rapports sont de un sur 21,162 pour le nord; et de un sur 14,555 pour le midi; pour les sciences, le nord fournit un étudiant sur 51,944 individus; et le midi un sur 21,272; enfin, pour la philosophie et la littérature, on trouve un élève par 1,869 individus dans les provinces septentrionales, et un par 3,065, dans les provinces méridionales. D'où il suivrait qu'on s'occupe dans le nord plus particulièrement de la philosophie et de la littérature; et, dans la partie méridionale, de la médecine et des sciences. Le droit est suivi à peu près de la même manière de part et d'autre. Nous n'avons pas compris parmi les étudians en philosophie, 150 jeunes gens qui fréquentaient le *collége philosophique*.

Nous conclurons de tout ce qui précède que, quoique la population de la Belgique ne soit pas déterminée avec toute la précision désirable, elle offre cependant un état d'accroissement très-sensible; que cet état provient surtout de ce que le peuple peut s'y procurer par son travail, des revenus qui sont bien au-dessus de ses besoins; et de ce qu'aidé de l'accroissement des lumières et soutenu par cette noble confiance qu'inspire toujours un Gouvernement sage et paternel, il ne craint pas de donner à son industrie une extension qu'elle n'avait pas d'abord, et qu'encouragent encore plusieurs établissemens de création récente. Il faut l'assurance de ces biens pour que l'homme cherche à se reproduire; et pour saisir cette observation, nous n'avons pas eu besoin de recourir aux annales d'un siècle, nous n'avons qu'à consulter les registres de l'état-civil et suivre les naissances et les décès pendant le cours d'une année. Ainsi se confirme de plus en plus, cette vérité importante, que le moyen le plus sûr de multiplier la population d'un État, sans lui porter préjudice, c'est de faciliter les moyens de multiplier les produits de l'agriculture et de l'industrie, et de lui assurer une sage liberté qui soit un garant pour la confiance publique. Encourager à la reproduction, sans assurer au peuple les moyens d'augmenter sa subsistance, c'est appauvrir l'État et favoriser la mortalité.

# NOTES

PAR

# M. LE BARON DE KEVERBERG,

CONSEILLER-D'ÉTAT, ETC.

---

## Note A. (Voyez page 3.)

*L'Annuaire du bureau des longitudes, pour* 1827, reproduit les tables de la mortalité et de la population en France, que M. *Duvillard* a publiées en 1806, et qui ont été insérées depuis cette époque, chaque année, dans ce recueil. Cette fois-ci, ce travail remarquable, a subi quelques corrections et quelques développemens nouveaux, par les soins de M. *Mathieu*. Ce savant ajoute que depuis l'époque précitée — « on remarque des » changemens notables dans les divers élémens de la population, et qu'il est à désirer, que l'on rassemble tous les documens nécessaires pour construire bientôt une nouvelle table, » qui convienne mieux à l'état actuel de la France. »

M. le professeur *Quetelet* tient à peu près le même langage dans l'intéressant Mémoire, auquel cette note et les suivantes se réfèrent. — « Il serait, dit-il, bien à désirer que le Gouvernement fît faire un nouveau dénombrement d'après la méthode de M. *De Laplace;* les données que nous avons jusqu'à présent (ajoute-t-il), ne doivent être considérées que » comme provisoires et ont besoin d'être rectifiées. »

Personne plus que moi n'est convaincu de l'utilité des recherches statistiques. Ce sont elles qui nous font connaître les ressources et les besoins des peuples et des États. Il serait inutile d'insister sur l'importance de ces notions : sans elles, je ne conçois pas d'administration digne de ce nom.

Je pense encore que, parmi ces connaissances, celles qui ont pour base la population et les lois qui en dirigent le mouvement, méritent d'occuper le premier rang. Il n'est guère de question importante en économie politique, guère de grande conception administrative ou de mesure d'utilité générale, auxquelles elles ne se rattachent plus ou moins directement.

Les renseignemens recueillis à ce sujet chez nous, en France et généralement partout ailleurs en Europe, sont pareillement à mes yeux peu propres à nous inspirer une confiance suffisante dans leur exactitude.

Il est donc digne d'un Gouvernement qui ne veut régner que par la justice et la vérité, d'aviser aux moyens de dissiper ces incertitudes. Celui sous lequel nous avons le bonheur de vivre, et qui dans toute sa carrière s'est constamment montré avide du bien public et des lumières qui y conduisent, ne dédaignera pas d'acquérir de cette manière un titre de plus à la reconnaissance des savans et du public.

Sous ce point de vue, je partage le vœu de M. le professeur *Quetelet*; mais je diffère d'opinion avec mon savant confrère, sur les moyens les plus propres pour conduire au but important qu'il s'agit d'atteindre.

Je ne connais la méthode proposée par M. *De Laplace*, que par les explications que M. *Quetelet* a bien voulu me donner à ce sujet. Si j'en ai bien saisi le développement, elle consiste à faire des dénombremens très-exacts, mais seulement sur quelques points d'un État donné; de comparer les résultats ainsi obtenus à la moyenne des naissances et des décès qu'il est très-facile d'obtenir pour chaque partie et pour la totalité d'un pays; et de déterminer ensuite la population de chacune des parties du territoire, non vérifiées par des opérations directes, d'après les rapports rigoureusement constatés pour celles d'entre les parties vérifiées, qui obéissent avec elles aux mêmes lois de la reproduction et de la mortalité.

S'il était facile de diviser un État quelconque d'après la différence de ces lois, la marche ainsi tracée conduirait sans doute au but proposé. Mais c'est ici que se présentent des difficultés qu'il me paraît presque impossible de franchir.

La loi qui régit la mortalité se compose d'un grand nombre d'élémens : elle diffère pour les villes et le plat-pays, pour les grandes cités opulentes et les bourgs moins étendus et moins riches, pour les localités se composant d'habitations agglomérées et éparses ; d'après la situation élevée ou abaissée du terrain, d'après la nature du sol sec ou marécageux, d'après sa distance rapprochée ou éloignée de la mer, d'après l'aisance ou la détresse de la population, d'après la manière dont elle se nourrit, se vêtit, manière qui préside à sa vie en général, et d'après une multitude de circonstances locales dont l'énumération échappe même aux recherches faites *à priori.*

Il en est à peu près de même par rapport aux lois qui régissent les naissances.

Il doit d'après cela paraître extrêmement difficile, pour ne pas dire impossible, de déterminer d'avance, et sur des notions incomplètes et conjecturales, avec quelque précision, la combinaison existante de fait, entre tant d'élémens ; elle semble devoir varier à l'infini, d'après la nature, la quantité, le degré d'intensité et la proportion relative de ces élémens. Il est même permis de douter si l'on trouvera souvent des contrées un peu populeuses qui, sous ce rapport, peuvent être assimilées les unes aux autres et rangées dans une même catégorie. Si donc, une semblable division du Royaume pouvait être établie d'après des bases approximativement exactes, il est probable qu'elle se composerait d'un si grand nombre de parties, qu'il n'en résulterait que peu d'avantage pour la facilité du travail.

A mon avis, il n'existe qu'un seul moyen de parvenir à une connaissance exacte de la population et des élémens dont elle se compose : c'est celle d'un dénombrement effectif et détaillé ; c'est-à-dire, de la formation d'états nominatifs de tous les habitans, avec indication de leur âge et de leur profession. Ce n'est que par ce mode d'opérer, qu'on peut obtenir des documens dignes de confiance sur le nombre réel des habitans d'un pays, et en même temps sur la statistique des âges dont la population se compose, et des branches d'industrie dans lesquelles elle trouve des moyens d'aisance et de prospérité.

Ce n'est encore que dans de semblables documens, comparés aux listes des naissances et des décès, qu'on peut puiser la connaissance des lois véritables qui déterminent le mouvement de la population d'un pays. Tout ce que nous savons à cet égard, n'est encore qu'approximatif et restera toujours hypothétique, jusqu'à ce qu'enfin des notions certaines auront été recueillies sur l'état réel de la population.

Mais, dit-on, des recherches positives à cet égard, sont difficiles à diriger. Pour faire un dénombrement général, il faut le concours d'un grand nombre d'agens, parmi lesquels il y en aura sans doute un certain nombre de peu intelligens ou de peu zélés; l'expérience prouve d'ailleurs, que ce mode d'opérer n'a jamais été couronné d'un succès complet, et que même sous le gouvernement impérial, d'ailleurs si fortement constitué, il n'a conduit qu'à des résultats défectueux sur l'état de la population en France.

Examinons ces objections, qu'il importe d'apprécier à leur véritable valeur.

Je conviens sans peine qu'il est des questions compliquées, sur lesquelles il serait impossible d'obtenir des solutions satisfaisantes, moyennant le concours d'un grand nombre d'autorités locales, quelquefois insouciantes ou peu éclairées. Mais je nie sans hésiter, qu'il en soit de même lorsqu'il s'agit de recueillir des notions extrêmement simples sur des faits positifs et évidens.

Dans ce dernier cas, tout le secret d'opérer avec succès, se réduit à deux règles, 1° poser les questions avec clarté; 2° examiner les réponses avec soin avant de les admettre.

1. Il n'est à coup sûr pas bien difficile de rédiger des cadres uniformes, ayant pour objet de recueillir les noms, l'âge et la

profession des habitans de chaque commune; il ne l'est pas davantage de remplir les blancs de ces états, avec exactitude. Ici tout est positif, évident, et pour ainsi dire palpable.

Il est vrai que la rédaction des cadres exige quelques précautions. Il faut ici, ne pas confondre les garnisons des villes, avec leur population civile; il faut distinguer le domicile ou la résidence d'avec le séjour passager; il faut veiller à ce que les absences momentanées et les résidences partagées entre plusieurs communes n'occasionnent pas d'omissions ni de doubles emplois. Tout cela est très-facile à régler : il suffit à cet effet de porter toutes les listes au grand complet de la population permanente et passagère de chaque commune, et d'en diviser le dénombrement par chapitres, ou d'affecter à chaque division des cadres séparés, pour y inscrire les renseignemens qui s'y réfèrent.

Une instruction concise, ne contenant qu'un petit nombre de définitions et de règles, doit nécessairement être jointe aux cadres. Sa rédaction n'exige pas des efforts extraordinaires d'esprit. Cependant, et pour prévenir davantage encore l'influence de l'erreur et les hésitations du doute au moment de l'exécution, il peut être prudent d'accorder aux autorités locales et provinciales, un délai moral pour demander des explications partout où elles peuvent paraître nécessaires. Rien n'empêche de donner à ce sujet une grande latitude, et d'étendre ce délai à plusieurs mois.

Mais il importe que le terme à fixer à cet égard, le soit uniformément pour la totalité du pays; qu'il ne soit procédé au dénombrement même, qu'après l'expiration de ce terme; et que cette opération soit exécutée partout simultanément et à une seule et même époque.

2. On voit, par tout ce qui précède, que dans le cas dont il s'agit dans la présente note, il n'est pas difficile pour l'administration supérieure, de bien poser l'ensemble et le détail des questions dont il importe d'obtenir la solution; et qu'il ne faut

aux autorités subordonnées que du bon sens et de la bonne volonté pour y répondre avec exactitude.

Il n'en est pas moins certain, que jamais le Gouvernement ne peut compter sur des résultats dignes de confiance, s'il néglige de prendre les mesures nécessaires pour l'examen et la vérification de tous les renseignemens partiels, qui constituent l'ensemble du travail prescrit.

C'est surtout pour ne point avoir observé cette règle indispensable, qu'un Gouvernement, qui savait d'ailleurs si bien se faire obéir, que celui de l'empire français n'a que très-rarement obtenu des renseignemens exacts sur les différentes branches de la statistique. Jaloux de tout connaître, il était dans l'habitude de fatiguer les autorités locales par une multitude de demandes souvent minutieuses et peu utiles, au moins en apparence. Mais entraîné sans cesse dans le mouvement rapide de grandes commotions politiques de toute espèce, il ne pouvait accorder qu'une attention secondaire et absolument insuffisante à l'examen des renseignemens nombreux qui affluaient de toutes les parties d'un empire immense, dans les bureaux de son ministère.

Il en est résulté que les maires des communes, les sous-préfets et les préfets ne s'occupaient des travaux statistiques, que pour autant qu'ils y attachaient eux-mêmes du prix et de l'importance; et que même, les plus éclairés et les meilleurs fonctionnaires finissaient souvent par céder à la contagion de l'exemple.

Il n'en sera pas ainsi chez nous. Dans un État d'une étendue beaucoup moins vaste, à l'ombre de la paix extérieure et d'une parfaite tranquillité publique, et sous la direction d'une commission spéciale, chargée exclusivement de la statistique du Royaume, il ne sera pas difficile de combiner un système de vérification efficace et suffisant pour apprécier, d'après leur mérite, les renseignemens qui seront demandés successivement et fournis sur un petit nombre de questions importantes, et nommément sur la population des dix-huit provinces dont l'État se compose.

Il paraît d'abord que la commission sent que, pour obtenir des données exactes, il faut ne point en demander trop à la fois ; et qu'il convient de fixer de préférence son choix sur celles dont l'importance est la plus évidente, et dont l'utilité rejaillit sensiblement sur toutes les autorités appelées à en recueillir les élémens.

Sous ce dernier point de vue, le soin de recueillir des notions certaines sur la population, mérite sans contredit et à juste titre, la priorité sur tout autre recherche. Il n'est pas d'autorité locale, qui ne soit elle-même éminemment intéressée à bien connaître l'ensemble et les détails de l'état de la population de son ressort. Il en est de même des administrations des provinces. Il est donc facile de faire sentir à toutes les autorités, dont le concours est ici nécessaire, combien les renseignemens, que le Gouvernement désire se procurer pour l'utilité générale, leur offriront d'avantages pour leur administration particulière.

Quelque favorable que soit cet état des choses, pour l'exécution d'un dénombrement nouveau de la population dans ce Royaume, il n'exclut pas, je le répète, la nécessité indispensable d'un examen rigoureux des élémens de ce travail.

Mais quels sont les moyens d'apprécier l'exactitude des renseignemens qui se réfèrent à des vérités encore ignorées et qu'on cherche seulement à connaître? On les trouvera sans peine dans ces renseignemens mêmes, et dans leur comparaison avec d'autres vérités de fait inconstestables et très-faciles à constater.

D'abord chaque liste particulière, ayant pour objet une commune, un arrondissement ou une province, se compose de détails qui doivent être d'accord entre eux et ne rien offrir d'incroyable dans leur ensemble. La vérité n'est jamais en desharmonie avec elle-même. Les conceptions de l'erreur ou de la mauvaise foi, trahissent souvent leur origine par les contradictions qui s'y font remarquer. La note F ci-après en fournit un exemple.

Ensuite, des documens irrécusables fournissent des données certaines, sur lesquelles il est facile d'établir l'état moyen des naissances, des décès, des mariages et des jeunes gens annuellement appelés au tirage pour la milice, dans chaque commune, arrondissement ou province, ainsi que dans la totalité du Royaume. Il importe de déterminer ces moyennes avec toute la précision possible, afin que dans les communes, les arrondissemens, les provinces, et en dernier lieu à la commission statistique, elles puissent servir de termes de comparaison avec les résultats obtenus par le dénombrement. Je ne disconviens pas que les lois qui dirigent le mouvement de la population, n'étant pas encore bien connues et ne pouvant être découvertes qu'au moyen d'un dénombrement fait avec une exactitude dont il n'existe probablement pas encore d'exemple, ces comparaisons ne serviront point à constater positivement l'existence de quelque erreur, et beaucoup moins encore le moyen de la rectifier. Il est possible que les rapports de la mortalité ou des naissances à la population, diffèrent en effet, et malgré les apparences du contraire, très-considérablement entre eux, d'une commune ou d'une province à l'autre, et même d'une section à l'autre dans une ville populeuse.

Mais des différences sensibles doivent toujours provoquer à un examen plus approfondi. Souvent des explications suffiront pour faire disparaître des contradictions apparentes : quelquefois elles pourront obliger à recourir, dans quelques localités, à de nouvelles vérifications, qui, dans ce cas, doivent être effectuées sous une direction supérieure ; mais j'ose croire que ces derniers cas seront rares. L'expérience m'autorise à manifester cette opinion.

Pendant douze ans que j'ai passés à la tête de grandes administrations, sur les bords du Rhin, de l'Ems, du Weser et de l'Escaut, presque toujours à des époques orageuses ou au moins difficiles, je n'ai jamais eu qu'à me louer de la masse de mes estimables collaborateurs ; et je me suis convaincu que la certitude d'agir sous l'empire d'une surveillance impartiale mais sévère, suffit le plus souvent pour aiguillonner le zèle du petit nombre de fonctionnaires insoucians, que le défaut de sujets moins propres aux places publiques, oblige quelquefois d'y appeler.

Mais ce qui, dans le cas actuel, est peut-être encore plus digne d'attention, c'est que toujours et partout, j'ai obtenu avec la plus grande facilité, des dénombremens de la population, qu'un examen fort approfondi m'a constamment porté et me porte encore aujourd'hui à croire aussi exacts que la nature des choses permet de l'exiger.

Je me suis longuement étendu sur l'objet de cette note. Mais la matière est d'une haute importance. Puissé-je être assez heureux pour avoir dissipé les craintes chimériques qu'on oppose à l'emploi d'une mesure décisive, à laquelle il me paraît impossible de suppléer par des calculs hypothétiques ou par tout autre tâtonnement de semblable nature; et à laquelle il faudra toujours recourir finalement, si sérieusement on veut connaître le véritable état des choses.

## Note B. (Voyez page 5.)

Si les renseignemens recueillis au département de l'intérieur, sur la population du Royaume en 1820 et 1825, sont exacts, il en résulte, d'après mes calculs, qu'elle s'est accrue durant cette période, de 620 âmes sur les 10,000, ou, en terme moyen, de 124 sur 10,000 par année.

L'accroissement pendant 5 ans est, d'après les données obtenues, de 350,114. Dès lors, 5,642,552 (la population de 1820) est à 350,114 comme 10,000 à 620, ce qui, divisé par 5, donne 124.

Mais les recherches faites dans les provinces aux époques susdites, ont-elles été dirigées partout avec la même exactitude? M. le professeur *Quetelet* en doute avec raison; et les considérations suivantes viennent à l'appui de ce qu'il dit sur la nécessité de procéder à un nouveau dénombrement avec tous les soins requis, pour offrir enfin des bases certaines, et vraiment dignes de ce nom, pour déterminer les lois du mouvement de la population dans ce Royaume.

D'abord, il semble résulter des renseignemens statistiques publiés récemment par M. *Lobatto* (*Jaarboekje over* 1827, p. 114), que d'après de nouvelles recherches faites à la fin de 1825, dans le grand-duché de Luxembourg, les dénombremens précédens n'y ont point été exempts d'erreur; et qu'en conséquence, le montant de la population de cette province, qui d'après l'état numérique annoncé pour le 1er janvier 1825, et son accroissement pendant cette année, devrait s'élever à 295,101, doit être réduit à 291,759.

D'un autre côté, il doit paraître étonnant que la différence relative de l'accroissement de la population dans les différentes parties du Royaume puisse monter entre les termes extrêmes de la comparaison (*la Hollande septentrionale* et *Drenthe*), de l'unité, à plus de son double; et qu'elle soit aussi considérable que le tableau auquel cette note se réfère l'indique, entre des contrées très-voisines les unes des autres, telles que les deux parties de la Hollande, celles du Brabant et des deux Flandres.

L'Annuaire de M. *Lobatto*, pour 1827, nous fait connaître les nombres des naissances et des décès qui ont eu lieu dans les différentes provinces du Royaume dans le courant de 1825.

Il en résulte que les premiers dépassent les seconds, dans la *Hollande septentrionale*, de 3,339, et dans la *Drenthe* de 967; dans la *Hollande méridionale*, de 5,793; dans la *Flandre orientale*, de 9,038, et dans la *Flandre occidentale*, de 5,578; dans le *Brabant septentrional*, de 4,346 et dans le *Brabant méridional*, de 5,208; enfin, *dans la totalité du Royaume*, de 7,6085.

Si l'on compare maintenant, pour ces localités, A les rapports indiqués au tableau ici en discussion, et B les rapports qui semblent devoir résulter de l'accroissement de la population durant l'année 1825, on obtient les résultats suivans sur cet accroissement, toujours calculé sur chaque nombre de 10,000 habitans :

*A. Hollande septentrionale* 80; *Drenthe* 174.
*B.* — — 85; — 179.

Le *minimum* et le *maximum* d'accroissement de la population, pris sur toute l'étendue du Royaume, ne diffèrent donc pas sensiblement dans les deux termes de comparaison.

*A. Hollande septentrionale* 80; *Hollande méridionale* 140.
*B.* — — 85; — — 133.

Ici la différence entre les deux résultats est assez marquante. Il n'en est pas moins probable que des recherches ultérieures prouveront un jour qu'elle l'est davantage encore : car, quoiqu'il soit raisonnable de supposer que la mortalité, dans la première de ces provinces, soit proportionnellement plus forte que dans la seconde, à raison de l'influence plus malfaisante de sa situation, ainsi que de la population agglomérée entre des canaux d'eau stagnante de la ville d'*Amsterdam*, la proportion du double au simple semble cependant trop élevée pour pouvoir être admise sans examen plus approfondi.

*A. Flandre orientale* 102; *Flandre occidentale* 146.
*B.* — — 130; — — 99.

Les résultats comparatifs diffèrent à l'égard de ces deux provinces en raison inverse; et si l'on considère que la partie orientale des deux Flandres paraît être placée sous l'influence d'une position physique pour le moins aussi salubre que sa partie occidentale, il est difficile de penser que l'accroissement de la population y serait moins grand que dans celle-ci.

*A. Brabant septentrional* 118; *Brabant méridional* 136.
*B.* — — 134; — — 125.

Ici les résultats précédemment obtenus, diffèrent encore en raison inverse de ceux de l'année 1825.

Si maintenant on compare l'accroissement de la population pour la totalité du Royaume, depuis le 1er janvier 1820, jusqu'au 1er janvier 1825, à l'accroissement ci-dessus indiqué pendant la durée de 1825, il est remarquable combien les deux résultats se rapprochent. Le premier indique une augmentation annuelle dans la proportion de 124, le second dans celle de 125 sur 10,000 : la rectification de l'erreur que M. *Labatto* vient de signaler dans les précédentes évaluations de la population du Luxembourg, n'altère pas sensiblement cette proportion; il est même probable qu'elle doit en rapprocher les termes au point de faire disparaître à peu près toute différence.

Il semble permis d'inférer de tout ce qui précède, que les notions recueillies jusqu'à présent sur l'objet qui nous occupe, peuvent être considérées comme approximatives de la vérité, peut-être même davantage, que dans aucun autre pays de l'Europe; mais qu'elles n'en laissent pas moins subsister plusieurs doutes qu'il importe de faire disparaître, tant sur l'ensemble des résultats, que sur le détail dont il se compose.

Cette dernière vérité deviendra plus évidente encore, au moyen des rapprochemens suivans, par lesquels je terminerai cette note.

| | |
|---|---|
| La population du Royaume, au 1er janvier 1825, est portée au tableau pour . . . . | 5,992,666 âmes. |
| En défalquant de ce nombre 3,342 âmes, qui semblent figurer en excédant de la vérité dans la population du grand-duché de Luxembourg . . . . . . . . . . . . | 3,342 |
| Le nombre ci-dessus est réduit à. . . . . | 5,989,324 |
| L'excédant des naissances sur les décès a été en 1825 de. . . . . . . . . . . . | 75,035 |
| La population devrait donc, par ce seul motif, s'être élevée au 1er janvier 1826 à. . | 6,064,359 |
| Elle n'est portée dans l'état donné par M. *Lobatto* (*Jaarboekje over* 1827, pag. 114), qu'à . . . . . . . . . . . . . | 6,059,506 |
| Ce qui donne une différence en moins de | 4,853 |

Cette différence est sans doute très-faible, si on la considère isolément. Mais elle devient plus importante, si l'on fait attention à la circonstance que la population de ce Royaume s'accroît annuellement, non pas uniquement de l'excédant des naissances sur les décès, mais aussi d'un nombre marquant d'étrangers qui viennent s'y établir, attirés par la beauté du pays, l'équité de sa législation et la libéralité du Gouvernement.

### Note C. (Voyez page 11.)

La loi des naissances et celle des décès, appliquée aux différentes époques de l'année, semblent différer entre elles, et chacune de ces lois, pour autant que les notices recueillies à ce sujet paraissent les indiquer, diffère encore entre les villes et les campagnes.

A la vérité le *minimum* des *décès* se trouve décidément au mois de juillet dans la totalité du Royaume, de même que dans les sept grandes villes indiquées au tableau. La ville de *Rotterdam* seule, offre à rigoureusement parler, une exception à cette règle; mais elle est de trop peu d'importance pour mériter d'être prise en considération.

Le *maximum* des *décès* tombe en janvier dans les villes indiquées au tableau; en mars dans l'ensemble de la population réunie des villes et des campagnes. La mortalité de ce dernier mois dépasse, par rapport à cette population réunie, de $1/5$ celle de janvier. La différence doit donc être plus grande encore entre les villes et les campagnes, les unes et les autres isolément considérées et comparées entre elles.

Le *maximum* des *naissances* se manifeste généralement, et dans les villes et dans la totalité du Royaume, dans le mois de février. Une faible déviation de cette règle se fait remarquer à *Gand*, une bien plus forte à *Amsterdam*. Celle-ci est même remarquable. Le nombre des naissances en avril excède de plus de $1/3$ celui de février dans la dernière desdites villes. Les causes d'une déviation aussi forte de la règle générale, méritent d'être approfondies.

Quant au *minimum* des *naissances*, on le trouve pour les villes, dans des proportions variant faiblement entre elles, aux mois de juin, juillet et août; pour les villes et les campagnes réunies, positivement au mois de juillet.

Il me semble que ces phénomènes remarquables, qui sont si dignes d'attention et qu'il est si facile de constater par un plus grand nombre d'observations, n'ont, à une seule exceptionprès, rien qui ne soit en harmonie avec les notions que nous avons d'ailleurs sur les lois de la nature.

Il résulte des indications moyennes du thermomètre, consignées au présent Mémoire, que c'est en juillet que la température parvient dans nos contrées à son plus haut degré d'élévation. Or, le calorique est par lui-même un élément vital et conservateur; ce n'est que par une intensité excessive, qu'il produit des effets contraires sur l'économie animale. On peut donc conclure de son influence sur la mortalité dans nos climats, qu'il n'y dépasse pas, à généralement parler, le degré qui constitue la limite de son action bienfaisante, puisque parmi les mois où les décès sont d'ailleurs les moins nombreux, et avec lesquels le mois de juillet a tous les autres élémens de conservation en commun, ce mois se distingue uniquement par la plus grande abondance de calorique qu'il répand dans l'atmosphère.

En consultant les mêmes indications, on voit que l'absence de ce principe vital se fait le plus sentir en janvier. Il n'est donc pas étonnant, si, *toutes choses étant d'ailleurs égales,* ce mois est celui où le fléau d'une grande mortalité se fait le plus vivement sentir. Mais la population des villes et celle des campagnes sont-elles, sous tous les autres rapports, dans une même position? Je ne le pense pas. La population agglomérée des villes, tend à multiplier la débauche pendant la saison du désœuvrement bien plus que cela n'a lieu dans les habitations éparses des campagnes; et cette circonstance semble y précipiter le mouvement destructeur de la vie, qui d'ailleurs se préparerait probablement au milieu des privations pendant les rigueurs de l'hiver, et pourrait fort bien n'accomplir son cours que plus tard, dans les premiers mois du printemps. D'une autre part, il est dans l'ordre naturel des choses, que des forces déjà minées par la saison rigoureuse et les maux qui l'accompagnent, s'épuisent et s'éteignent sous la fatigue des travaux que l'agriculture réclame dans les campagnes, précisément au mois de mars, après plusieurs mois d'un long et triste repos. Il n'est pas impossible que la vivacité des sensations que le retour du printemps fait éprouver, et qui n'est dans les premiers temps jamais exempte de quelque sentiment de malaise qui se mêle à celui d'une meilleure existence, exerce encore à elle seule, une influence destructive sur l'organisation humaine, surtout à l'égard des constitutions déjà affaiblies. Sous ce rapport, la diminution relative de la mortalité, par rapport à la population totale, qui se fait sentir au mois de mars comparé au mois d'avril, est digne de fixer l'attention de l'observateur. D'après le tableau, elle descend subitement de 1,25 à 1,08, par conséquent, de 0,17, du premier au second de ces mois; tandis que la diminution successive depuis le mois d'avril jusqu'à celui de juillet, n'est que de 0,23, ou de moins de 0,08 en terme moyen par mois.

Mais peu à peu l'équilibre entre les sensations et les forces qui les éprouvent et qui doivent les supporter, se rétablit; et il paraît que le sentiment du bien-être physique, qui en résulte, et qui est sans doute l'un des grands ressorts de la propagation de l'espèce humaine, atteint son apogée au mois de mai, puisque les effets de la fécondité se manifestent le plus abondamment dans celui de février, et cela encore dans cette circonstance, d'une manière extrêmement remarquable.

Les naissances dans ce mois, comparées à celles de février, sont pour la population *générale* dans le rapport de 1,08 à 1,18, et donneront pour différence 0,10; tandis que la différence moyenne depuis le mois de juillet, époque du *minimum* des *naissances*, jusqu'à celui de février, époque du *maximum*, est seulement dans le rapport de 0,82 à 1,18, ce qui donne une différence totale de 0,36, et sur sept mois une moyenne d'accroissement mensuel d'environ 0,05.

Il paraît que jusqu'ici les lois de la mortalité et de la propagation s'expliquent assez naturellement. Il n'en est pas de même pour celle qui semble réserver le *minimum* des *naissances* au mois de juillet, qui correspond pour l'époque de la conception à celui de novembre. Ce mois est assez généralement un des plus beaux de l'année dans nos contrées, et j'avoue que je ne peux me rendre compte d'aucune circonstance propre à expliquer le caractère singulièrement distinctif qui semble s'y rattacher, sous le rapport des conceptions.

Je terminerai cette note par quelques réflexions sur les résultats extrêmement curieux, que M. le professeur *Quetelet* a publiés dans son savant Mémoire, à l'égard de la loi des naissances considérée dans ses rapports avec la révolution diurne du globe terrestre. S'il existe en effet une semblable loi, comme cela n'est pas sans probabilité d'après les observations recueillies à ce sujet, il serait bien désirable, plutôt cependant dans les intérêts de la science proprement dite, que de l'administration et de l'économie politique, qu'elle fût bien positivement constatée et rigoureusement déterminée. Il doit paraître surtout bien remarquable, que les heures de midi et de minuit, c'est-à-dire, les époques du milieu et de la fin de la révolution diurne, semblent en quelque sorte arrêter les opérations de l'enfantement, et cela dans une proportion tout-à-fait extraordinaire. Il serait d'un haut intérêt d'éclairer ce mystère de la nature.

Malheureusement il est très-difficile de recueillir à cet égard des observations qui, par leur précision, puissent conduire à des résultats dignes d'une parfaite confiance. Le défaut de moyens pour répandre partout une connaissance suffisante de la véritable heure du jour, oppose à des recherches de cette espèce des obstacles qu'il est à peu près impossible de surmonter.

NOTE D. (Voyez page 47.)

La mortalité dans les dépôts de mendicité est en effet d'autant plus effrayante, que la population de ces établissemens exclut de son sein les premiers âges de la vie.

Il convient cependant de ne pas perdre de vue qu'une grande quantité de vieillards et d'infirmes de toute espèce peuplent ces maisons, et que l'état d'exténuation absolue auquel ils se trouvent le plus souvent réduits, lorsqu'ils y arrivent, y porte déjà le germe avancé d'une dissolution prochaine, et doit sans contredit être rangé au nombre des causes auxquelles il faut attribuer ce funeste résultat.

Cette dernière circonstance s'est surtout fait remarquer dans la désastreuse année de 1816. Une multitude de malheureux n'entrèrent alors dans les dépôts, que pour y expirer peu de jours après leur arrivée; et la plupart des autres périrent, les deux années suivantes, par des maladies de langueur.

D'une autre part, il n'est pas impossible que la transition subite des privations les plus affreuses à une alimentation qui, comparativement, peut paraître surabondante, exerce ici une influence d'autant plus déplorable, qu'avec un peu plus de précaution elle pourrait être écartée.

Une troisième observation qui ne doit pas être passée sous silence, c'est que pour trouver les lois de la mortalité dans des établissemens dont la population est mobile, il ne suffit pas de comparer les décès au nombre de journées d'entretien, mais qu'il faut aussi faire attention aux nombres d'individus sur lesquels ce nombre de journées doit être réparti. Plus ce dernier nombre est grand, surtout dans les asiles de la misère et des infirmités humaines, plus les chances de la mortalité semblent devoir se multiplier.

Les observations sinistres qui viennent d'être faites au sujet des dépôts de mendicité, s'appliquent pareillement à beaucoup d'hospices, nommément à ceux des enfans trouvés et abandonnés. Les explications qui précèdent semblent être pareillement plus ou moins communes à ces établissemens. La suite du Mémoire de M. le professeur *Quetelet* prouve combien la mortalité est grande dans ces établissemens. Cette matière exige de plus amples recherches; il est permis de les attendre du patriotisme éclairé du chef du département ministériel, à qui la surveillance supérieure de ces institutions philanthropiques est confiée.

Ce qui n'est pas moins important, surtout au moment où la confection d'un nouveau code pénal se prépare dans ce Royaume, c'est de répandre la plus grande lumière possible sur la mortalité dans les prisons.

La triste nécessité de faire concourir l'emploi de pénalités au maintien de l'ordre social, rend ces recherches du plus haut intérêt, pour fixer le choix du législateur sur la nature des peines dont l'adoption mérite la préférence.

La peine capitale est le dernier remède de la plus absolue nécessité. Elle doit être considérée comme exceptionnelle, et ne trouver d'application que dans le petit nombre de cas où le salut public l'exige impérieusement.

La pénalité des amendes ne peut guère s'appliquer qu'à la classe aisée de la société, c'est-à-dire, à celle où les délits graves et les grands crimes sont le moins fréquens.

Le bannissement est un moyen contre lequel la voix du bon voisinage et l'intérêt général de l'humanité font valoir de fortes objections. Il est à prévoir d'ailleurs, que la civilisation toujours croissante ne tardera pas à mettre un terme à son emploi. Il est de l'intérêt de tout Gouvernement de refuser l'admission du rebut des sociétés voisines : si cet intérêt incontestable vient jamais à prévaloir, il n'y aura plus que les bannis pour opinion politique ou religieuse qui trouveront à l'étranger un asile, et les malfaiteurs ordinaires, lorsque leur patrie les rejette de son sein, ne trouveront plus nulle part un refuge.

La flétrissure et la fustigation occupent encore une place dans plusieurs codes. A mon avis, il faudrait les en éliminer : ces peines dépassent, ce me semble, leur but ou ne l'atteignent point. L'homme que des circonstances malheureuses ont rendu coupable, leur préfère la mort. Elles endurcissent le cœur de l'homme dépravé et multiplient les obstacles qui empêchent son retour à des sentimens plus honnêtes, en dégradant l'humanité dans sa personne.

Séquestrer de la société l'individu qui en a troublé le repos; utiliser la période plus ou moins prolongée de sa détention, dans l'intérêt de son amélioration morale; l'assujettir pendant ce temps à une vie laborieuse, dans laquelle la société trouve une compensation pour ses frais d'entretien, et le détenu des moyens d'adoucir les rigueurs de la captivité: voilà sans doute le genre de pénalité le plus conforme aux besoins de l'ordre social, le moins avilissant pour l'humanité, le plus susceptible d'être gradué en raison de la gravité des délits, et que la nature des choses même, semble indiquer comme le plus équitable, et peut-être comme le plus efficace.

Pour obtenir les résultats avantageux que ce système est seul propre a réaliser, il faut sans doute un régime des prisons qui corresponde au but proposé. Cette vérité est depuis une vingtaine d'années vivement sentie en Angleterre, en France, et surtout dans le Royaume des Pays-Bas. Nous devons à la sollicitude du Roi l'établissement d'un ordre de choses, dans l'organisation des prisons, non moins complet, qu'en harmonie dans tous ses détails; ayant pour objet, non-seulement de tempérer équitablement ce que les pénalités offrent souvent d'excessif, mais encore de les diriger vers le grand et noble but d'amender le cœur du coupable, de lui faire contracter des habitudes honnêtes et de le rendre un jour sans danger à la société. Il est probable que, sous une sage direction, il deviendra peu dispendieux pour l'État et peut-être même productif pour le trésor. Au surplus, nulle dépense publique ne tient plus intimement au but le plus essentiel du contrat social, que celle qui a pour objet direct, le maintien de la sûreté générale et particulière de l'État et des citoyens.

Mais si, sous tous ces rapports importans, le système de l'emprisonnement mérite la préférence sur tout autre espèce de pénalités, il perdrait en très-grande partie ses titres à cette préférence, il exigerait sans contredit des modifications nouvelles dans ses principes d'organisation, peut-être même qu'il faudrait, jusqu'à un certain point renoncer à son fréquent emploi, s'il était prouvé que la vie de l'homme est considérablement abrégée par le séjour dans les prisons, lors même que leur régime est le plus sagement organisé.

On voit, par cette note, combien il importe de faire des recherches bien approfondies sur la mortalité de tous les établissemens, soit de bienfaisance, soit de répression, qui réunissent dans leurs enceintes, une population plus ou moins nombreuse, sous la loi d'une vie casanière et privée de l'influence conservatrice que le mouvement et le grand air exercent sur l'économie animale de l'espèce humaine (1).

---

(1) D'après des renseignemens que l'auteur de ces notes a eu occasion de se procurer depuis leur rédaction, il résulte que la mortalité a été, dans les trois grandes prisons de :

| | | | | | | |
|---|---|---|---|---|---|---|
| Vilvorde | en 1824 | de 47 | sur une pop. moyen. de | 1170 | = 4,01 : 100 | soit de 1/25 |
| — | — 1825 | — 38 | — — — | — 1094 | = 3,47 — | — — 1/29 |
| — | — 1826 | — 39 | — — — | — 1027 | = 3,80 — | — — 1/29 |
| St-Bernard. | 1826 | — 64* | — — — | — 1383 | = 4,63 — | — — 1/22 |
| Gand. | — 1826 | — 26 | — — — | — 1144 | = 2,27 — | — — 1/44 |
| | Total. | 214 | Total. | 5818 | 3,68 | 1/27 |

* Y compris 3 enfans en bas âge.

Ces renseignemens ne suffisent pas pour résoudre le grand problème qui vient d'être posé. Mais il est permis d'en induire, que s'il venait à conster par des recherches ultérieures, qu'en effet l'emprisonnement exerce une influence sensiblement funeste sur la santé et la vie de l'homme, le mal n'est au moins pas aussi grand que la mortalité dans les dépôts de mendicité, dont il vient d'être parlé, semble l'indiquer au premier coup d'œil.

On voit au surplus, que le rapport de la mortalité dans la prison de *Gand* est resté, en 1826, *au-dessous* de celui qui existe entre la population générale du Royaume et le nombre moyen des décès qui y ont lieu annuellement.

Lorsqu'on réfléchit sur les rapprochemens qui précèdent, on ne peut que

NOTE E. (Voyez page 57.)

Malgré toutes les objections qu'on élève contre le système de la régie, dans les prisons, il n'en est pas moins certain qu'il est plus paternel et moins dispendieux que celui des entreprises : je puis en parler par expérience. Placé en 1817 et 1818 à la tête de l'administration de la Flandre orientale, j'ai introduit à cette époque la régie dans la grande et belle maison de détention de *Gand*, et dès la première année, la dépense fut très-considérablement réduite; tandis qu'en même temps toutes les salles furent converties en ateliers, et que la condition des détenus obtint des améliorations sensibles dans le régime alimentaire, dans ceux des vêtemens, de la propreté et du bon ordre, et par rapport à l'instruction morale et religieuse. Vers le même temps, de semblables résultats ont été obtenus à *Leuwaarden*. Les mêmes principes, mais étendus et perfectionnés par une commission d'État, nommée par le Roi pour l'organisation du régime des prisons, et dont j'eus l'honneur de faire partie, doivent recevoir aujourd'hui leur application dans toutes les prisons du Royaume. Sous les auspices d'une sage surveillance, il est permis d'en attendre des résultats heureux.

La journée du détenu ne revient plus aujourd'hni à Vilvorde, qu'à 15 cents (trois pences monnaie anglaise) sur lesquels il gagne à décharge du trésor environ la moitié, y non compris ce

---

sentir plus vivement l'utilité éminente de semblables recherches. La statistique, on ne saurait trop le répéter, est le flambeau de l'administration. C'est la science des faits; elle provoque à la méditation et à l'examen, par l'intérêt puissant que ses résultats et leur comparaison inspirent ; elle porte le fonctionnaire, ami de l'humanité, à remonter des effets aux causes qui les produisent; et que ces causes soient de l'essence même des institutions sociales auxquelles elles se rattachent ; ou bien qu'elles tiennent à des circonstances accidentelles qu'il est possible d'en écarter, la science qui nous dirige vers leur étude est bien plus propre que les plus brillantes théories, à guider l'homme d'État dans la carrière difficile de l'administration, à lui faire éviter les écueils dont elle est hérissée, et a préparer un bien-être toujours croissant dans l'ordre social.

qu'il gagne pour ses deniers de poche et pour sa masse de sortie.

Les détenus sont extrêmement satisfaits de leur sort. Ils sont pour le moins tout aussi bien, et peut-être mieux nourris et vêtus que l'ouvrier des campagnes ne l'est dans la vie ordinaire.

### Note F. (Voyez page 59.)

Ce dernier résultat ne semble point admissible; *examinons!*

On annonce que sur 635,991 individus secourus à domicile, 125,030 l'auraient été pour la totalité de leurs besoins, 178,338 pour plus de moitié, et 332,623 pour moins de cette moitié.

L'entretien complet d'une personne adulte exige, dans nos contrées, au moins 72 florins. Mais dans le nombre des personnes secourues, il y a eu sans doute beaucoup d'enfans : en réduisant de ce chef le prix d'entretien, même à la moitié du montant indiqué, soit à 36 fl., on aurait dépensé pour les 125,030 personnes secourues, pour la totalité de leurs besoins. . . . . . . . . . . . 4,501,080

En portant, eu égard aux mêmes motifs de réduction, le prix des secours excédant la moitié des besoins à 20 fl., ce prix, appliqué à 178,338 individus, donnerait encore une dépense de. . . . . 2,566,760

Ensemble. . . . 7,067,840

Or, la totalité des revenus affectés aux secours à domicile ne figure au tableau des recettes que pour 5,095,962

Il y a donc une insuffisance de revenu bien constatée, de. . . . . . . . . . . . . . . . . 1,971,878

pour les deux premières classes des secourus; et la troisième, se composant de 332,623 malheureux, aurait dû rester exclue de toute participation aux secours.



FIN.

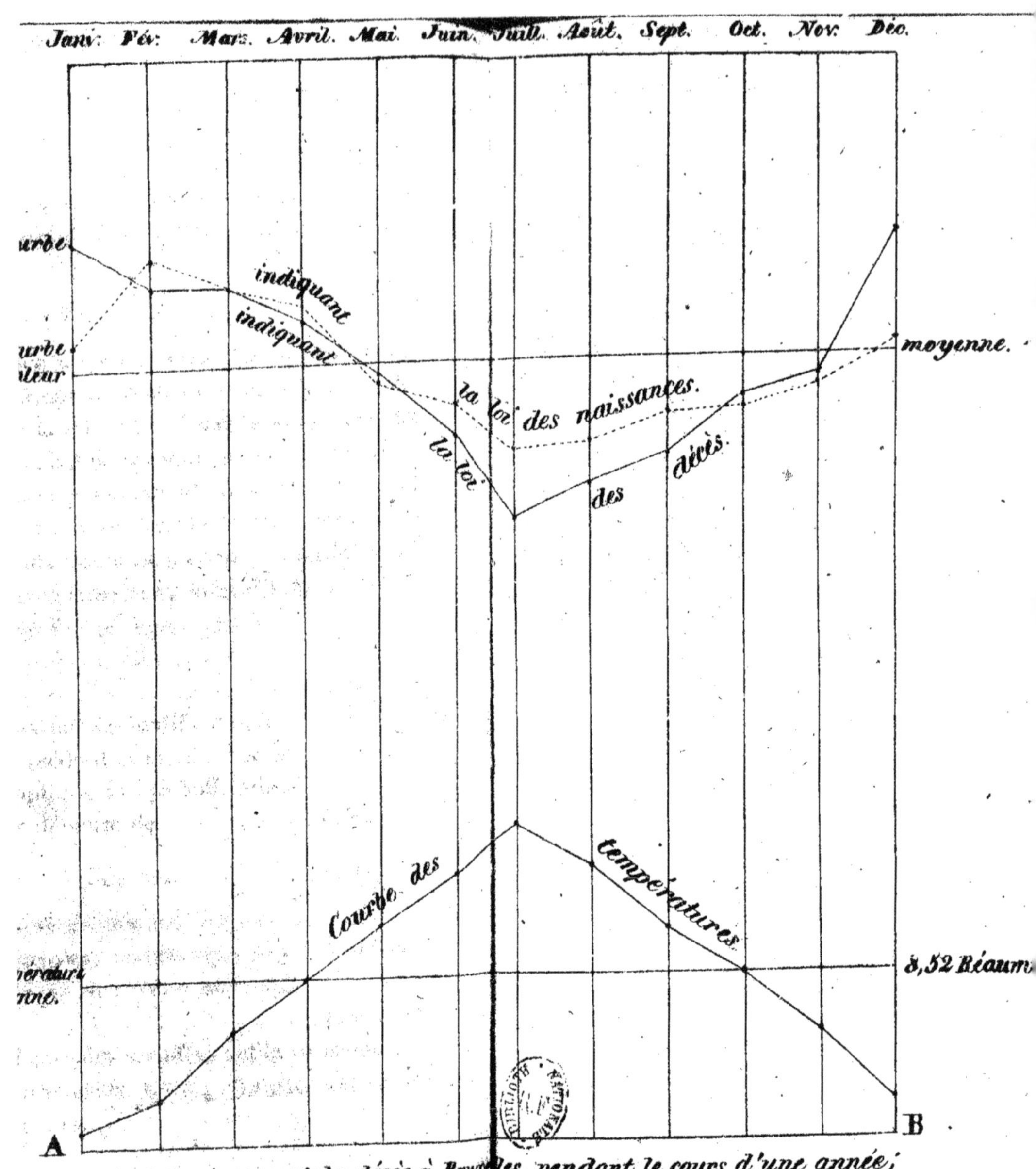


*Lois des naissances et des décès à Bruxelles, pendant le cours d'une année; d'après 18 ans d'observation, comparés à la loi de variation des températures. (Les longueurs des perpendiculaires, audessus de la base* **A B**, *représentent les valeurs des naissances, des décès et des températures.)*

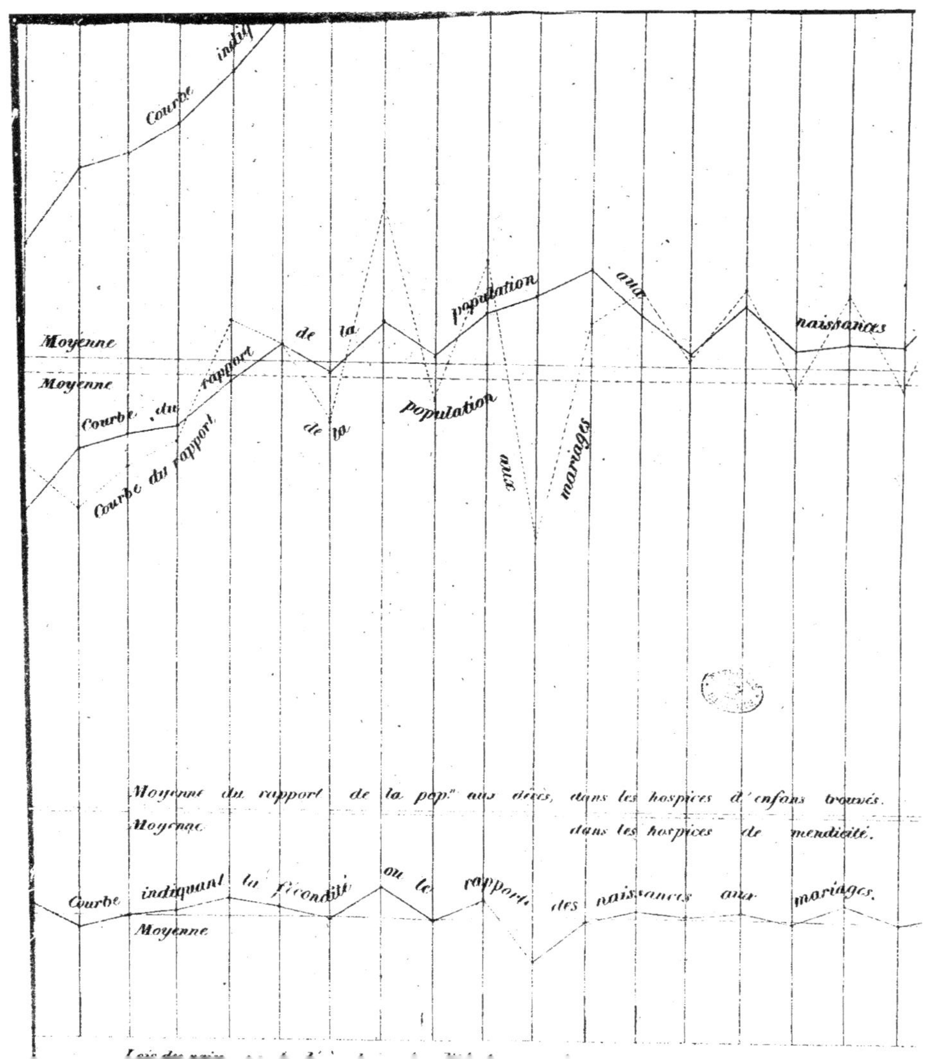
Courbe indiv
Moyenne
Moyenne
Courbe du rapport de la population aux naissances
Courbe du rapport de la population aux mariages
Moyenne du rapport de la popⁿ aux décès, dans les hospices d'enfans trouvés.
Moyenne dans les hospices de mendicité.
Courbe indiquant la fécondité ou le rapport des naissances aux mariages.
Moyenne

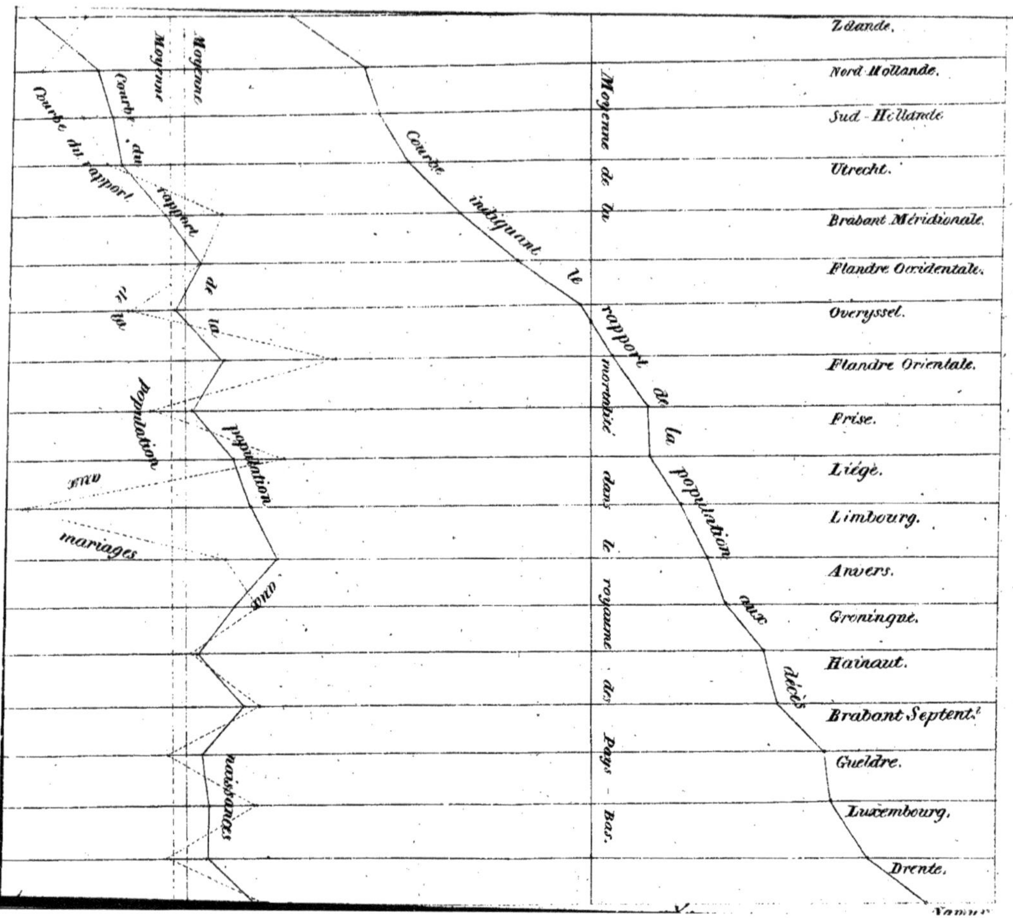
Zélande.
Nord Hollande.
Sud-Hollande
Utrecht.
Brabant Méridionale.
Flandre Occidentale.
Overyssel.
Flandre Orientale.
Frise.
Liégè.
Limbourg.
Anvers.
Groningue.
Hainaut.
Brabant Septent.l
Gueldre.
Luxembourg.
Drente.
Moyenne de la mortalité dans le royaume des Pays-Bas.
Courbe indiquant le rapport de la population aux décès
Moyenne
Moyenne
Courbe du rapport de la population aux naissances
Courbe du rapport de la population aux mariages